介護のお金は こうやって 準備しなさい

ファイナンシャルプランナー 長崎寛人

彩図社

はじめに

このところ「長生きリスク」という言葉が使われるようになりました。

長生きは喜ばしいことのはずなのに、「リスク」という言葉がつくのは穏やかではありません。なぜこのような言葉が使われるかといえば、ご存知の通り、高齢化が進んでいるためです。

生きるためにはお金がかかりますが、そのお金が準備できないのではないかといった不安が「長生きリスク」という言葉を生んだのです。

これに対して、人生計画によって長生きリスクを回避しようとする動きが活発になってきました。人生の最後までの計画を立てて、ぬかりなく準備をしておけば老後も安泰だと考え、実際に行動する人が増えたのです。

私はファイナンシャルプランナー（ＦＰ）として、そのような方々のお手伝いをしています。

しかしその過程で、**人生計画から抜けてしまいがちな項目**があることに気づきました。

それが介護です。

ＦＰは、顧客が望むライフプランを実現するために状況を分析して、貯蓄計画や保険の見直しなどの資産設計をし、その実行やメンテナンスを行う、いわば家計の総合アドバイザーです。

ＦＰのセミナーでは、資産運用や保険のテーマに比べて介護関連のテーマはあまり人気がありません。理由を聞くと「介護は問題が多岐にわたりすぎていて、テーマが絞りにくい」または「できたら、まだ考えたくないよね……」等々、いくつも出てきます。

確かにうなずけます。

介護は、人によって状況がさまざまなためにモデルケースを作ることが困難で、期間の予測も難しいなどの理由から、**対策を立てにくい**ところがあります。そこに「やっぱり子供に世話してほしい」「親の世話を金で解決するなんて恥知らず」などと感情的な問題が絡むと、さらに話が複雑化してしまいます。

しかし、だからといって避けていればいつの間にか解決できるという話ではありません。

介護の問題は、ひとたび巻き込まれると、関係者の人生設計の変更を余儀なくされる大問題へと発展することもあります。

私はＦＰですが、一方で介護スタッフとして介護の現場にも携わっています。その現場で最近、次のようなケースがありました。

要介護5の母親を1人で介護している56歳の息子さんの話なのですが、私が見る限りこの息子さんは夜中も母親の排せつ処理などをしており、熟睡できていない状況で、仕事と介護の両立は体力的にギリギリに見えました。そしてその中で、親の介護に専念するために、勤めている会社の希望退職の募集に応募するか否か迷っていました。

これは親の状態、家族や兄弟間の協力体制、母親や息子さんの収入や資産の状況など、多くの要素を勘案して判断する必要がある問題ですが、介護とはこのような難問がある日突然、家庭に突きつけられるものなのです。

こうした例を見ると、「うちの場合はどうなんだろう？」と不安になるでしょう。先が見えにくいからこそ、介護問題は漠然とした不安に陥りやすくなるものです。

とはいえ、解決法はそれほど特別なものではありません。

介護問題の８割は、お金の問題です。他の問題と同様に、介護についても多くの場合は**お金で解決できるのです**。

少々乱暴に感じられるかもしれませんが、実際にお金のマネジメントを誤らなければ、問題の８割は解決できます。

問題は山積みですが、だからこそあえて経済的な視点からドライにアプローチしてみることが必要なのです。

はじめに

本書ではまず1章で、介護の現状を確認し、どのような問題があるのかを見てみます。

続く2章で、介護の基礎を固める公的介護保険を紹介します。公的介護保険を知ることによって、安価で受けられるサービス、受けられないサービスを知ることができます。

そうすると、公的制度だけではまかなえない部分があることがわかるので、3章ではどのようにしてそれらをカバーするか、具体的な方法を探っていきます。

そして最後に、介護にならないための健康管理法や万が一という時に使える手段を紹介します。

また、章の最後にQ&Aを設けて、よくあるご質問にお答えしました。こちらも参考にしてください。


本書は決して危機を煽ることが目的ではありません。

先送りすることで手遅れになりがちな介護対策の実態を正確にお伝えして、その対策を考えるための一助となれば幸いです。

ファイナンシャルプランナー　長崎寛人

もくじ

はじめに……2

1章 介護費用は人生の最終ステージに訪れる最大のリスク

1・介護の未来を客観的に考えてみる……14
私たちが生きる時代を数字で見てみる／2025年問題とは何か／問題は支出が収入を上回っていること／今後の負担は増えていく

2・介護費用を考える時のポイント……21
介護費用を見積もるための4つのポイント／死亡リスクよりも介護費用リスクのほうが大きい

3・介護費用の基本対策……27
介護費用対策の基本はライフプラン／キャッシュフロー表は家計管理の重要なツール／見落とされがちな3つの注意点／介護問題の2種類のリスク／基本対策は4つ

4・介護リスクに備える貯蓄のしかた……39
貯蓄にも戦術がある／働いて稼ぐ力は最大の資産／お金を運用して増やす／まず「倹約」という金融商品を使え

5・いちばん恐いのは認知症……46
認知症から介護状態に至ることが多い／認知症の推計は462万人／認知症とはどんなものなのか／認知症は介護費用リスクの大本命／認知症対応型グループホームは切り札となるか

6・数字を使ったシミュレーション……61

介護のQ＆A①　介護費用がいらない人もいるのでは？

2章　介護の中心は公的介護保険制度

1・いちばん重要なのは公的介護保険制度 …… 70
公的介護保険制度を制する者は老後を制する／サービスを自分で選べる時代／公的介護保険制度の3つのしかけ／公的介護保険制度は頻繁に改正される

2・15分でわかる公的介護保険超入門 …… 75
公的介護保険制度の4つの特徴／公的介護費用の自己負担額／ケアマネジャーは介護サービスの司令塔／ケアプラン作りは共同作業／地域格差に要注意

3・介護施設の状況 …… 91
「特養待機者数52万人」という現状／介護施設の基礎知識

4・公的介護保険制度の未来予測 …… 97
巨大タンカーは急に方向を変えられない／制度改正をチェックする時の5つの切り口／「地域包括ケアシステム」は成功するか

介護のQ&A②　満足できるデイサービスはあるか？

3章　介護費用を作る方法

1・老後プランの基本は公的年金……110
公的年金で基本を作る／公的年金の最大のメリットは終身型であること／民間の介護保険で補強する／公的介護保険制度と民間の介護保険制度の位置付け
2・保険のことを考える前にムダの削減をする……115
固定費の見直しで新たな出費を避ける／住宅ローンは大きな借金／保険は「見直す」のではなく劇的に考え直せ

3・保険をゼロから考え直す……121
保険の本質を見極める／「保険で元を取る」といった思考回路を断ち切れ／「必要保障額」の概念を変える／保険の仕組みをシンプルに解説／定期保険は逓減型にせよ／終身保険は払済保険へ移行せよ／医療保険はいらない／がん保険は条件次第で加入してもいい

4・民間の介護保険の選び方……141
終身の年金型以外は考える必要はない／民間の介護保険を検討する時のポイント／年金額はいくらが妥当か／介護保険に入るのは今がいい／将来、お宝保険になるかも？

5・民間の保険会社が持つリスク……154
保険会社の破綻リスク／保険会社が破綻したらどうなる？／不払いリスク／契約者と乗合保険代理店は利益相反関係／保険はシンプルに／認知症はどこまで保険でカバーできるか／保険の見直し例

介護のQ＆A③　ネット保険はいい？　悪い？

4章 介護に備えたさまざまな危機管理術

1・介護リスクを健康面でコントロールする……176

お金だけの議論は木を見て森を見ず／リスクコントロールの中心は「健康管理」／まずはメタボリックシンドロームを知ろう／生活習慣をチェックしよう／続けられる運動を日常生活に組み込む／定期健診によって結果的に介護費用は削減できる／健康診断と人間ドックの違い／認知症の検診は受診するタイミングが難しい／認知症の検診はどこで受ければいいのか／介護リスク対策は4つ

2・保険に関する思わぬリスク……191

保険の特約や高度障害保険は見落としやすい／保険の指定代理請求特約を確認する／夫婦同時に死亡・介護状態になったらどうなるか／エンディングノートとリビングウィル

3・各種の制度で介護費用に備える …… 201

公共の制度を使って介護費用を軽減させる／生命保険の契約者貸付制度／介護ローン／自宅を利用してお金を作る／自己破産も制度のひとつ／究極の危機管理術は変化に対応すること

総合シミュレーション　老後プランの設計方法

おわりに …… 222

1章

介護費用は人生の最終ステージに訪れる最大のリスク

1 介護の未来を客観的に考えてみる

●私たちが生きる時代を数字で見てみる

あなたは、自身の人生設計に介護費用を組み込んでいますか？
また、親の介護費用を見積もっていますか？

生命保険文化センターの資料によると、自分が要介護状態になった時のために経済的準備をしている人は42・1％となっています（「生活保障に関する調査」（平成25年）より）。本書を手に取られたということは、あなたはこの42・1％の中に入っていないか、あるいは「準備はあってもまだ不安」という方だと思います。

では、将来自分や親が要介護状態になる確率はどのくらいなのでしょうか。

要支援・要介護認定者の発生率は、79歳まではそれほど大きな数字ではありませんが、80歳以上になると下図のように跳ね上がります。

「そんなに長くは生きられないよ」と思われる方も多いでしょうが、人生設計をする際にこの数字を無視できるかというと、それは不可能でしょう。

なんの準備もなく要介護状態になってしまった場合のリスクがあまりに大きいからです。

また介護に関する問題は、自分の状況だけでなく社会的な要因によっても大きく変動します。

私たちの今後の人生を考えるにあたって、まずは現状を客観的な数字で把握したいと思います。

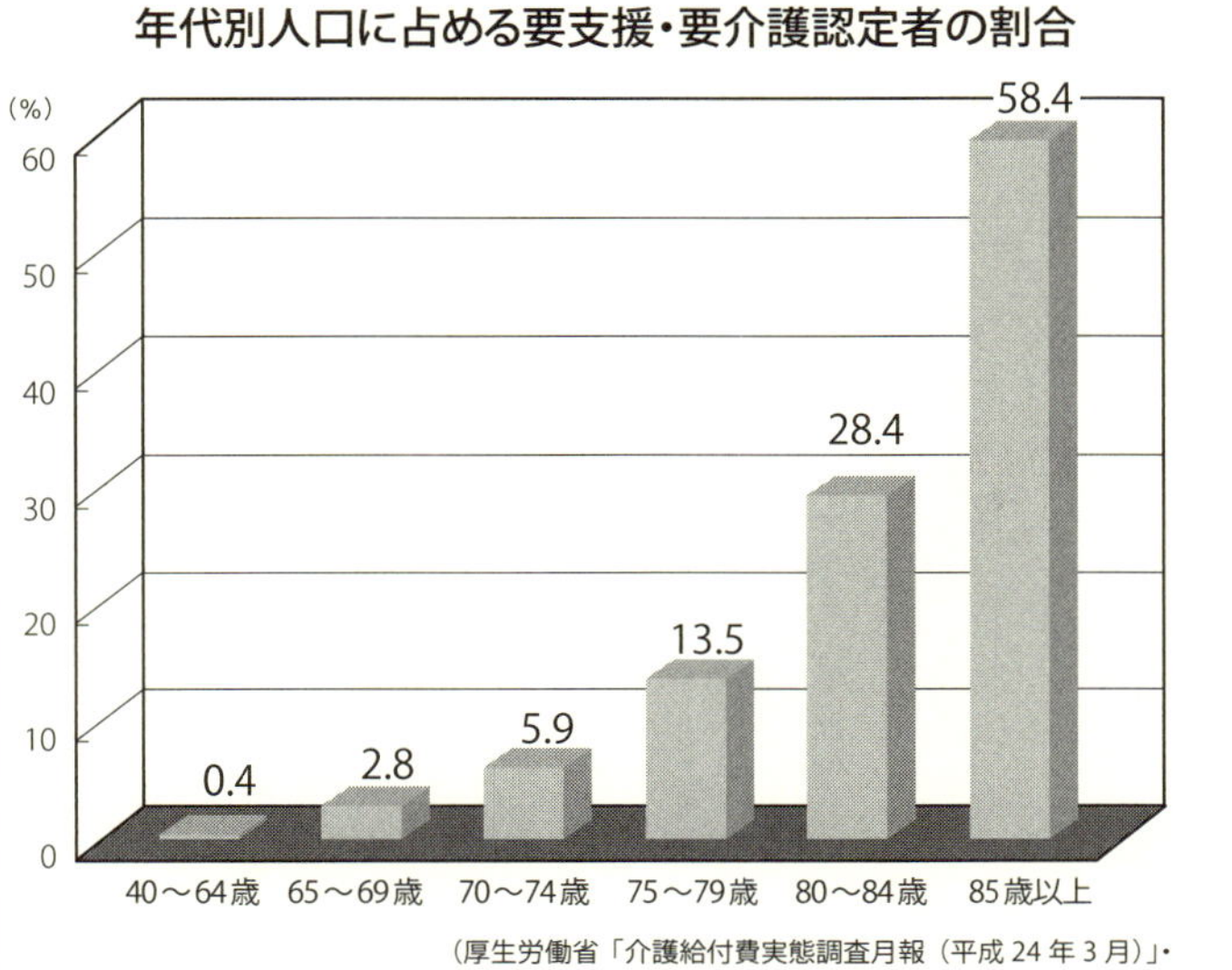

（厚生労働省「介護給付費実態調査月報（平成24年3月）」・総務省「人口推計月報（平成24年3月）」より）

●２０２５年問題とは何か

介護にかかわる言葉に、**「２０２５年問題」**というものがあります。

この言葉から、かつての２０００年問題を思い出す方もいるでしょう。２０００年問題は、西暦２０００年以降にコンピュータシステムが誤作動して世界が大混乱に陥りかねないというものでしたが、対策を講じた結果、深刻な被害はありませんでした。

それでは２０２５年問題とはどんな問題なのでしょうか。

キーワードは**「団塊の世代」**です。

この言葉は、１９４７～49年の第一次ベビーブームに生まれた約８００万の方々を指しています。

そしてこの巨大な集団のほとんどが、２０２５年で75歳以上、つまり後期高齢者となります。

その頃の後期高齢者の総数は２１７９万人、65歳以上の前期高齢者を含めると３６５８万人となり、総人口のうち65歳以上の占める割合は30・３％に達するといわれています。

つまり２０２５年問題とは、**日本の人口構造の大きな変化**を指しているのです。

日本人の最大のボリュームゾーンが75歳以上になるという状況はショッキングです。しかもこの問題は、２０２５年だけで終わるのではなく、それ以降も続きます。

そもそも、平成25年の高齢化率（総人口に占める65歳以上の人口の割合）は24・1％で、約4人に1人が65歳以上に達しています。

すでに問題は始まっているのです。

●問題は支出が収入を上回っていること

このことによって具体的にどんな問題があるのかというと、**社会保障費の拡大**です。

社会保障費とは年金、医療、介護などにかかる費用のことですが、これらのすべてが危機的な状況になるのです。

社会保障費用は、2010年以来、毎年100兆円を超えています。

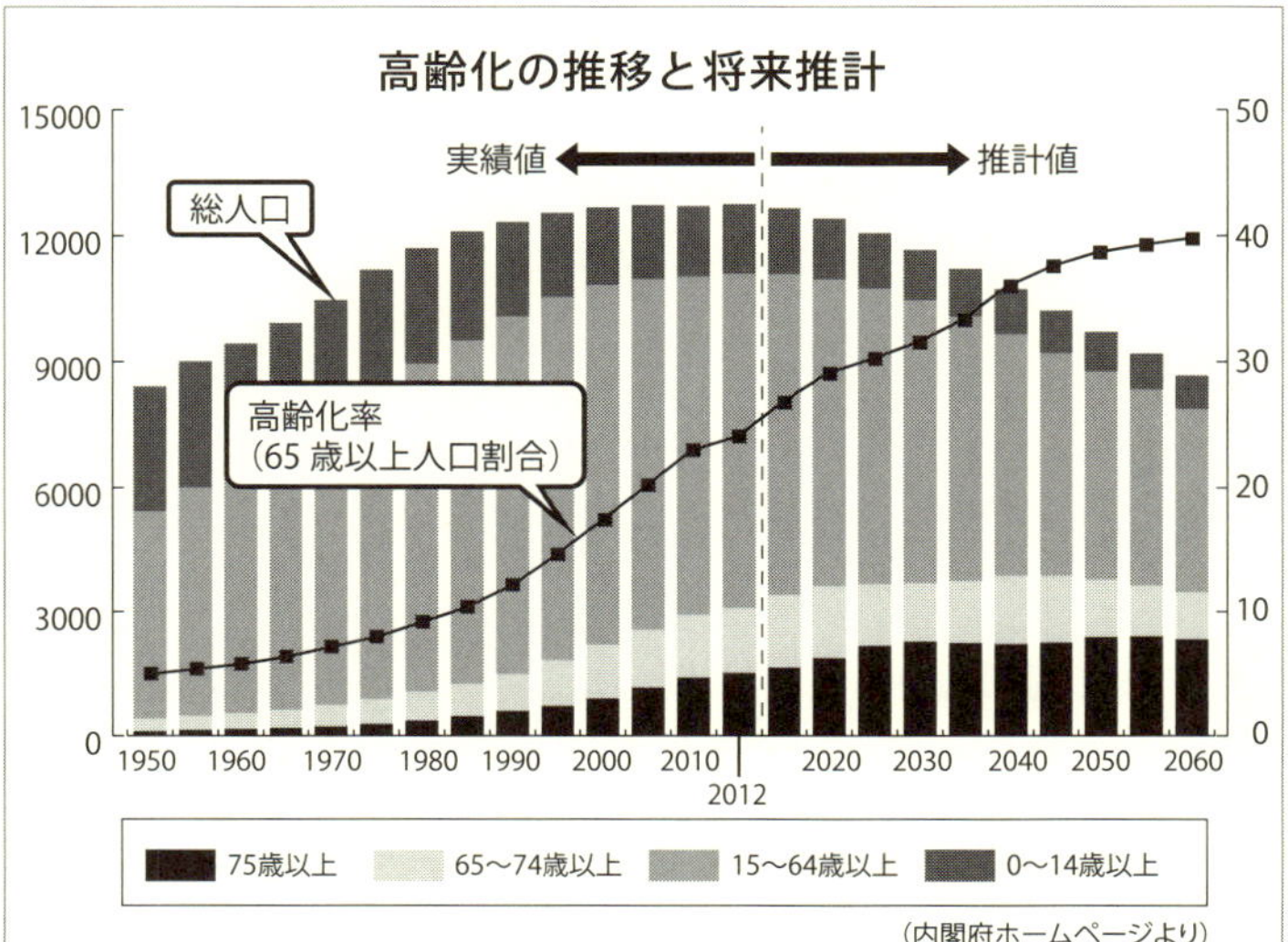

（内閣府ホームページより）

ただしこの数字だけを取り上げると誤解を与えますので、少し補足します。

年金の給付額は１００兆円のうち約半分の50兆円強を占めますが、国の予算から毎年50兆円が出ていくというわけではありません。私たちが支払っている年金保険料が約33兆円あるので、実際は差し引きして約17兆円ということになります。さらに、それとは別に１３０兆円以上の年金積立金という大きな資産があります。

同様に、医療や介護にも保険料という収入があります。もっとも、医療と介護には年金積立金のような資産がない分、年金財政以上に深刻な状況と言えます。

つまり問題の本質は金額の大きさではなく、**支出が収入を上回っていて、さらにその差額が拡大傾向にある**ことなのです。極端に言えば、社会保障費用が１００兆円でも、社会保険料収入も１００兆円であれば問題はないのです。

しかし現実はそう上手くいきません。将来的には、支出と収入の差はますます拡大していくことが予想されています。

●今後の負担は増えていく

２０２５年問題は、これまで国を支える側、つまり社会保険料を払う側にいた集団が、給付を受ける側に回ることを意味します。

そしてその結果として、**社会保障財政のバランスが崩れる**ことがもっとも懸念されています。

この構造は介護保険財政も例外ではありません。

現在、公的介護保険サービスの利用料は、利用者が１割を負担し、残りを保険料と税金でまかなっています。

介護保険財政のバランスが崩れるのを防ぐためには、利用者の負担を増やすか、保険料を増やすか、増税するか、あるいはこれらすべてを行う必要があ

介護費用と保険料の推移

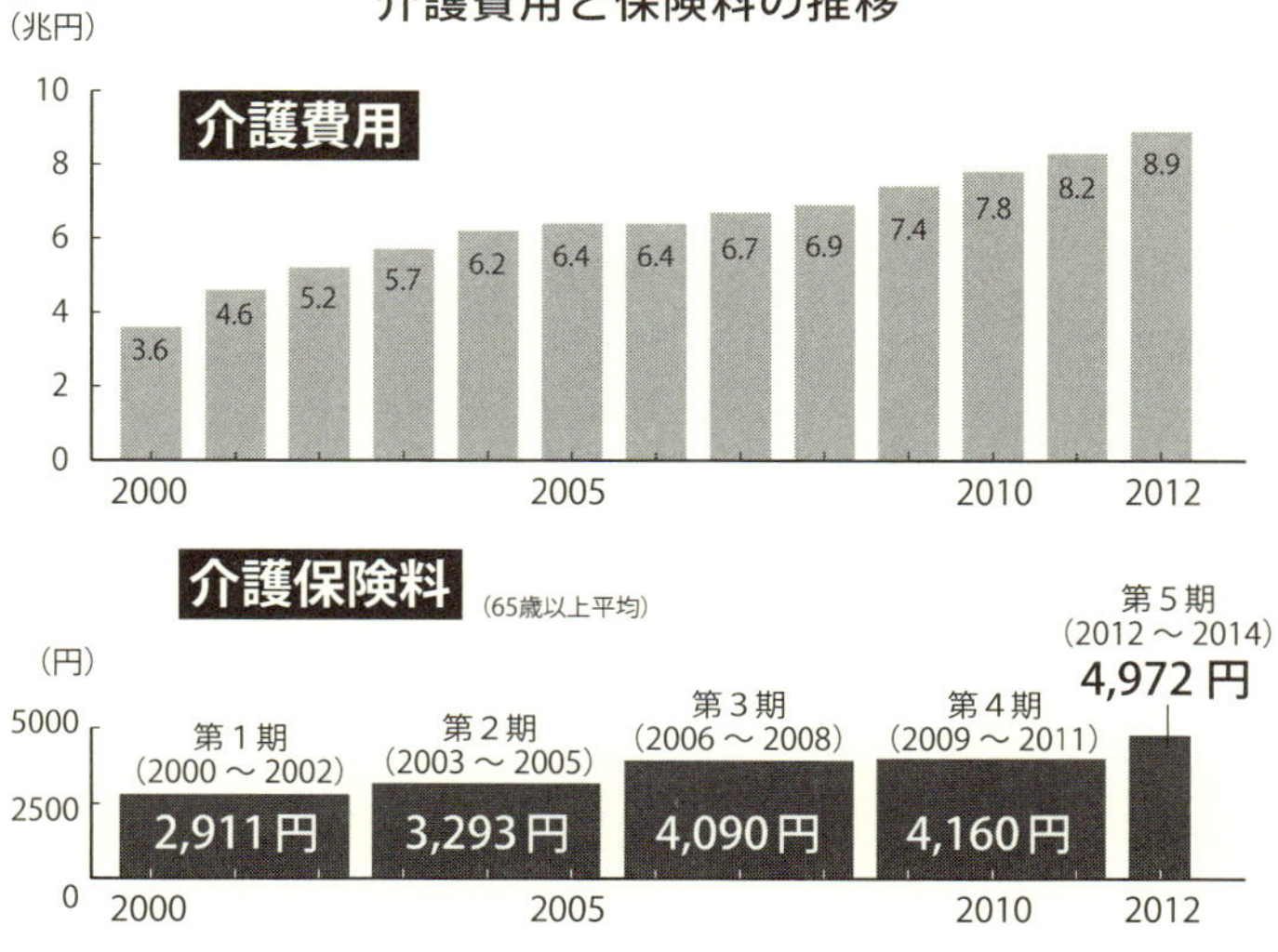

※2000 ～ 2010 年度は実績、2011・2012 年度は当初予算。ただし、2010 年度の実績は、東日本大震災の影響により、福島県の５町１村を除いて集計。　※介護保険に係る事務コストや人件費などは含まない（地方交付税により措置されている）。　（厚生労働省ホームページより）

ります。いずれにせよ、**負担増になることは間違いありません。**

前ページの図を見ると、65歳以上の方の保険料は、制度開始当初は月額２９１１円でしたが、現在は４９７２円です（全国平均）。保険料は市町村が決めるので地域によって変わりますが、中には５０００円を超えているところもあります。

介護保険制度に関しては第2章で詳しく触れますが、これらの負担増にはひとつの大原則があります。

サービスの提供を受けることを「受益」といいますが、受益を増やしたければ負担を増やす、負担を減らしたければ受益を減らす必要があります。

この当たり前の受益と負担の原則を言われると、私たちは反撃の術を失います。

しかしだからといって過剰に悲観することはありません。

なぜなら、このあと提起していく**対応策を各家庭で的確にとることで、介護費用の問題のほとんどは克服できる**からです。

2 介護費用を考える時のポイント

●介護費用を見積もるための4つのポイント

ここまで、介護を取り巻く事情を見てきました。今後はさらに厳しい環境になることが予想されていますから、やはり相応の準備が必要なようです。

それでは、私たちはどのような対策を立てればいいのでしょうか。

各関連団体からは介護に関する多くの指標やデータが公表されていますが、あまりに多くのデータがあると、かえって混乱してしまいます。不確実な将来のプランを構築するにあたって、細かな値は意味を持ちません。大きな指針を適切に判断できれば、あとの枝葉はその後考えればいいのです。

介護費用を検討するにあたっては、次の4つが確認できれば十分です。

【ポイント1】要支援・要介護認定者はどれくらいいるか

下図は、要支援・要介護認定者数の推移を示したものです。社会全体で**介護状態の人が年々増加している**ことがわかります。

２０２５年の認定者数予測は７５５万人。65歳以上の人口予測は３６５８万人。およそ５人に１人が要支援・要介護認定者となります。

ただし、公的介護保険のサービスを一切受けない認定者も多くいるため、認定者全員に介護費用がかかるわけではありません。

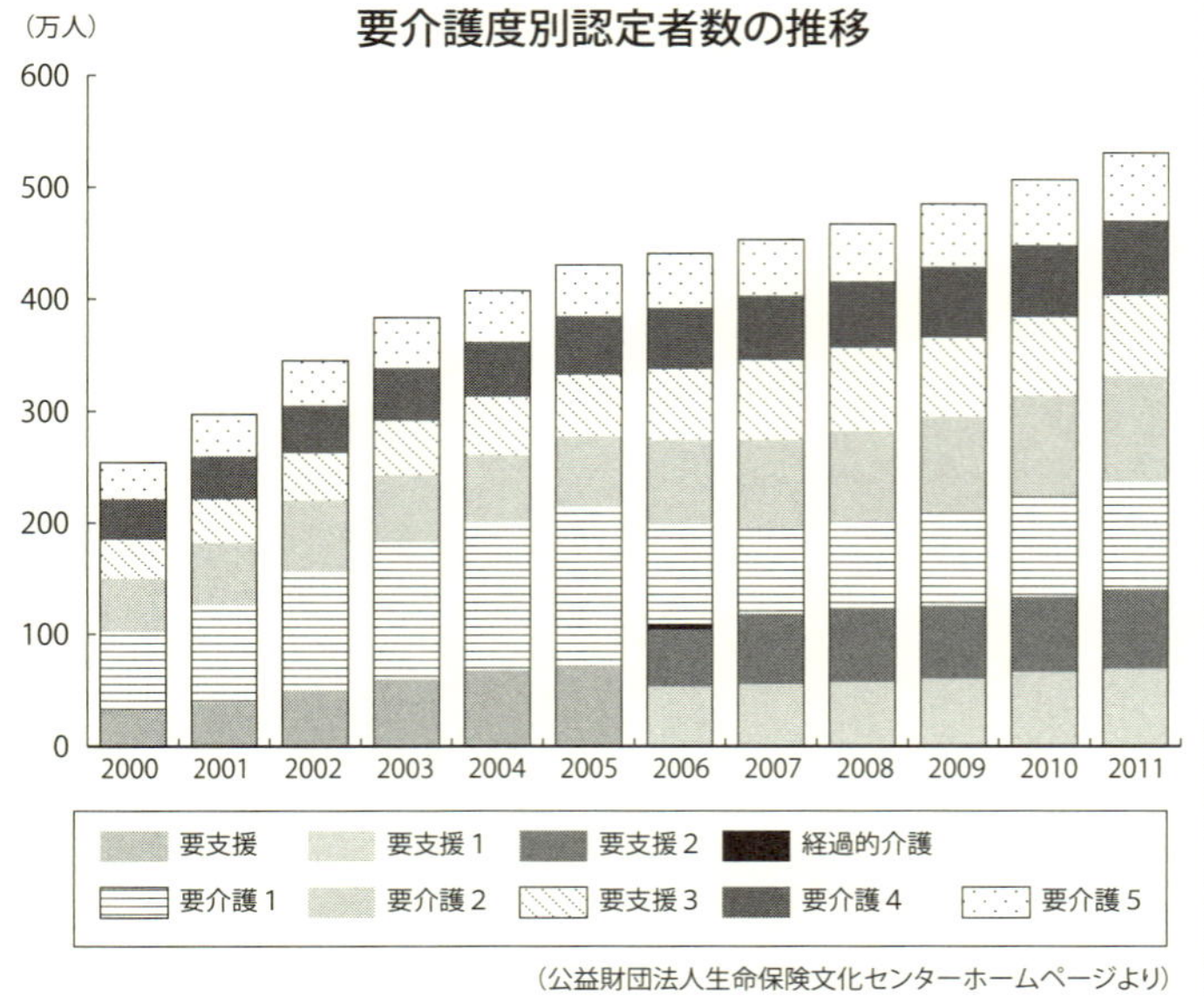

（公益財団法人生命保険文化センターホームページより）

※2006年度に要介護認定の区分が変わり、要支援が要支援１・２に、要介護１相当の人が要介護１と要支援２に振り分けられた。また改正前に要支援の認定を受け、改正後も認定の有効期間内にある場合は経過的要介護とされる。（厚生労働省「介護保険事業状況報告（年報）」平成23年度より）

【ポイント2】何歳くらいから認定者となるのか

15ページの図を見ると、85歳以上では2人に1人が要支援・要介護認定者となりますが、逆に70代であれば、さほど大きなリスクではないように見受けられます。

対策を打つのであれば70代のうちに、といった解釈もできますが、現実問題としては60歳以降にできる対策は限られるので、選択肢の多い若いうちに対策を打っておく方が賢明です。

【ポイント3】何歳くらいまで生きるのか

２０１４年9月12日の日本経済新聞ウェブ版に、以下の記事が掲載されていました。

> 全国の１００歳以上の高齢者が過去最多の5万８８２０人に上ることが12日、「敬老の日」を前にした厚生労働省の調査で分かった。女性が87・１％を占め、初めて5万人を超えた。前年から４４２３人増え、44年連続の増加。

日本人の人口を考えれば、５万人は少数派と言えます。多くの高齢者は80歳以降の20年間の間に亡くなり、１００歳に到達する確率は少ないようです。

しかしそれはこれまでの話であって、今後はわかりません。医療技術や科学技術の進歩により、寿命を予測することがはるかに困難になってきたのです。

【ポイント4】どのくらい費用がかかるのか

資料によると、介護費用の平均月額は、公的介護保険の費用も含めて次のようになっています。

> 在宅介護…6万9000円（公益財団法人家計経済研究所）

とはいえ、現時点ではこの数字にこだわる必要はありません。今後の制度改正や施設使用料の変動などで金額は大きく変わるでしょうし、そもそも平均という概念が、バラツキ幅が極端に大きい介護費用を考える際にはあまり有効性をもちません。

いずれにしても、**介護費用は無視できる金額ではなさそうだ**、ということが確認できればいいと思います。

ここまでの4つのポイントから、「自分や親は、とりあえず80歳以降の20年間は介護認定者として過ごすことになるかもしれない」といったイメージができるでしょう。

現実的なイメージが持てれば、人生の最終ステージに向かって対策や準備をしておこうといったエネルギーが湧いてきます。

かつてのライフプランでは〝人生80年〟と考え、老後は60歳以降の20年として対策を立てることが主流でしたが、現在では**80歳以降の20年間に、カバーしなければならない新たなリスクが顕在化してきたのです。**

●死亡リスクよりも介護費用リスクのほうが大きい

生命保険の契約者に加入の動機を聞くと、多くの方は「残された家族のため」といった家族愛に満ちた回答をされます。

もしこの家族愛が本心ならば、介護費用についても同様の理由から備えなくてはなりませ

在宅介護にかかる費用

（１人、１ヶ月、平均値、単位:万円）

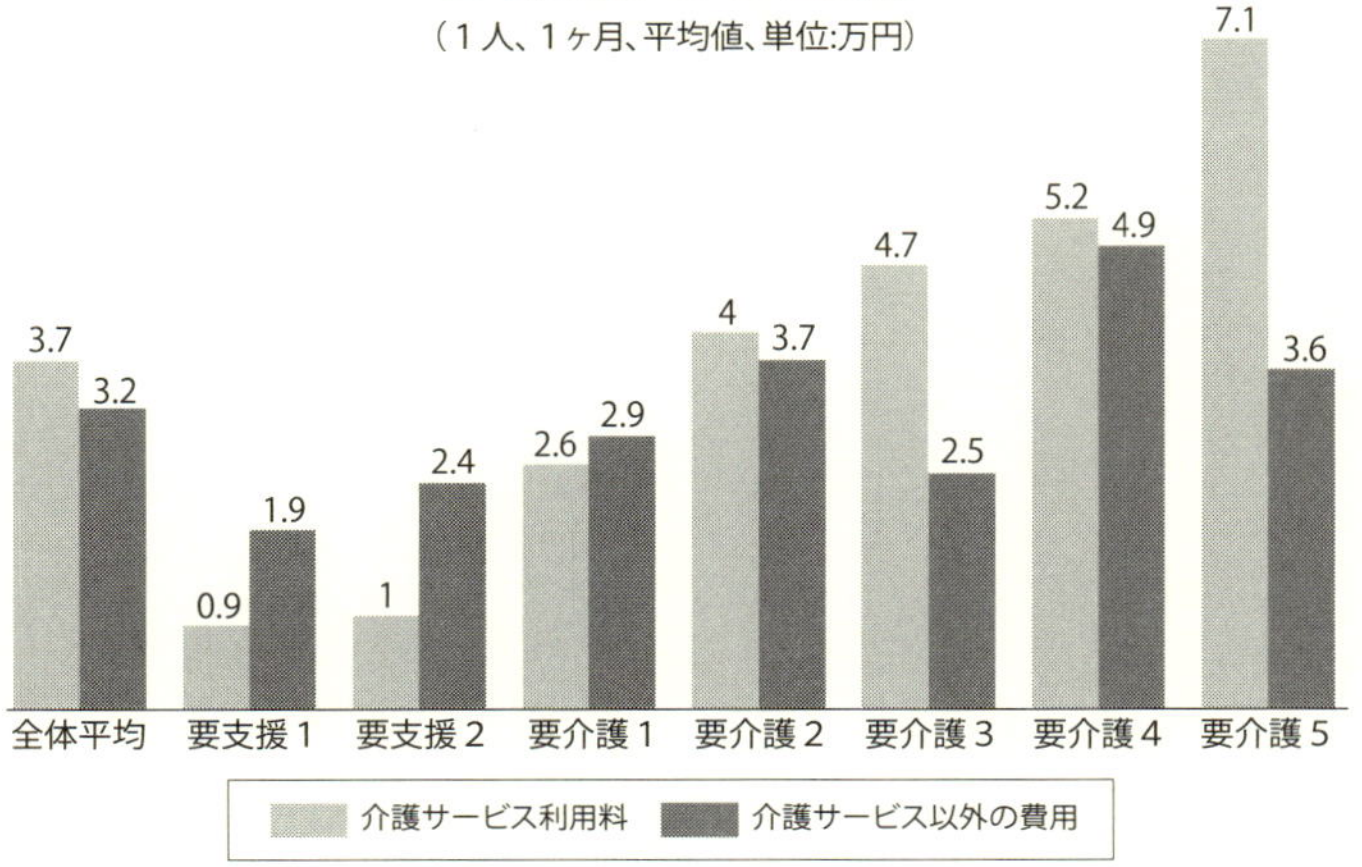

（公益財団法人家計経済研究所ホームページより）

ん。確かに自分の死亡によって家族はとり残されますが、それは介護状態になっても同じなのですから。

かつて私のご近所に住んでいた頑固で勝気なお年寄りが、ある時期から介護状態となり、よく私にこう言っていました。

「おれはもう死んだも同然だよ」

しかし、死んだも同然では死亡保険金はおりません（余命宣告をされていれば別ですが）。

しかも死亡していれば必要なかった介護費用が日々支出されます。お金の収支から見れば二重の意味で、「死んだも同然」と言っている場合ではないのです。

死亡リスクに備えて死亡保険に加入している方は多いのですが、介護費用リスクに備えて保険に加入している方は多くありません。しかし**死亡後の費用より介護費用のほうがはるかに深刻なのです。**

保険に関しては第3章で詳しく解説しますが、保険料という出費をどう振り分けるかの采配はきわめて重要となります。

適切な対策を打てる人とそうでない人とでは、老後の生活に大きな格差が生じる社会となってきたのです。

3 介護費用の基本対策

●介護費用対策の基本はライフプラン

ここからは、介護費用の対策に踏み込んでいきます。

とはいえ、介護費用のみに特化した方法があるわけではありません。生きていくのにかかるお金のことを考えるという点では、若い頃から始める一般的な人生設計と方法は同じです。

介護費用の対策とは、**老後のライフプラン**を考えることにほかなりません。

昨今、「長生きリスク」に備えた老後プランは一定の広がりを見せています。しかし「介護状態での長生きリスク」に備えた老後プランとなると、ほとんど考えられていないのが現状です。

本書ではこの点についても考慮して対策を立てていきたいと思います。

●キャッシュフロー表は家計管理の重要なツール

ファイナンシャルプランナーがライフプランの作成時によく使うツールとして、**キャッシュフロー表**があります。

キャッシュフロー表とは将来の家計簿で、左図のように、家計の現在の収入や支出に基づき、将来の収支や貯蓄の推移予想を表にしたものです。

キャッシュフロー表の目的は、将来必要な時期に必要な金額が準備できるか、または今後望み通りの暮らしが実現できそうか等をシミュレーションにより検討することです。

特に、妻が仕事を辞めたり、子供が増えたり、住宅ローンの繰り上げ返済をしたり等、ライフプランに変化があった時に**中長期的な将来への影響を見ることができます**。

キャッシュフロー表は、資金面における将来の問題点を早期に発見し調整していく、診断書のようなものなのです。

分析のポイントは2つあります。

第一に、貯蓄残高がマイナスになっている箇所があるか。これは家計の破綻を意味していますから、一箇所でもあれば当然何らかの策を講じなければなりません。

キャッシュフロー表の例

（単位：万円）

経過年数	現在	1年後	2年後	3年後	4年後	5年後	6年後
西暦（年）	2015	2016	2017	2018	2019	2020	2021
夫（年齢）	35	36	37	38	39	40	41
妻（年齢）	33	34	35	36	37	38	39
長女（年齢）	1	2	3	4	5	6	7
家族のイベント					長女幼稚園入園	車の買い換え	長女小学校入学
給与収入(0.5%)	600	603	606	609	612	615	618
その他収入							
収入合計	600	603	606	609	612	615	618
基本生活費(0.3%)	300	301	302	303	304	305	305
住居費	150	150	150	150	150	150	150
教育費					35	25	10
保険料	50	50	50	50	50	50	50
その他支出(0.5%)	50	50	51	51	51	51	52
一時的支出						80	
支出合計	550	551	553	554	590	661	567
年間収支	50	52	53	55	22	-46	51
貯蓄残高(0.5%)	200	253	307	364	388	344	397

※年間上昇率をカッコ内の%にした場合の数字です。

第二に、年間収支がマイナスになっている箇所があるか。これは出費が一時的なものなのか、継続的なものなのかによって、策を講じる必要があるか否かを判断していきます。

ここで気をつけなくてはいけないのは、数値はあくまでも概算値に過ぎないということです。表の完成をもって将来が約束されたかのような誤った安心感を持ってはいけません。キャッシュフロー表は**定期的な見直しをしつつ微調整を常に行う**ことが鉄則です。

●見落とされがちな3つの注意点

キャッシュフロー表は家計管理の重要なツールであることは間違いないのですが、介護費用を考えるにあたってはいくつかの注意点があるので気をつける必要があります。

【注意点1】極端な事例に対応できない

第一の問題点は、FPが提案するライフプランの前提が「このまま推移したら」という条件つきである点です。このことは、極端な事例が発生した場合に対処できないことを示唆しています。

極端な事例とは、例えば会社が倒産、リストラに遭う、自然災害、事故、病、長期にわたる介護状態等々を指します。現代社会においては「このまま推移する」と楽観視することで足をすくわれる危険性は大いにあります。

しかし世の中には極端な事例が無数にあり、これらのリスクから解放されることはありません。仮に極端な事例に備えるため逐一対策をマネープランへ反映させていたら、プランは確実に破綻します。したがって、現実的にはある程度のリスクは対策から外すことで折り合いをつけていくしかありません。

極端な事例を対策から外すことの〝気持ち悪さ〟をどう和らげればいいのかは、後ほど説明します。

【注意点2】長生きへの対策が脆弱

第二の問題点は、ライフプランが90歳近辺をゴールとして作成されているケースが多い点です。25ページで書いたように、今後は90歳までのプランでは足りません。しかしそうなると、どこをゴールと定めるのが適当なのかという問題にも直面します。はたして110歳や115歳までプランニングする必要はあるのでしょうか。

そもそも寿命を正確に予測することは不可能であり、この予測不可能な期間のライフプランを立てることにはどうしても無理があります。そのため、貯蓄だけではなく、年金や保険などを工夫して賢く組み入れていかなくてはなりません。

【注意点3】介護費用のリスクが過小評価されている

市販されている一般的なライフプランの入門書では、人生の三大資金は、教育資金、住宅資金、老後資金となっています。

介護費用は老後資金の一部としてカウントするという考え方もあります。しかし要支援・要介護認定者が80歳以上で29％、85歳以上で58％、そして人生１００年といわれる中、介護費用を過小評価するのは、他のリスクとの整合性が取れていません。

以上、キャッシュフロー表の注意点を指摘しましたが、だからといって表を作ることを否定しているわけではありません。キャッシュフロー表を作り定期的にメンテナンスをしていく作業は、将来の生活設計を考えるために非常に重要な意義があるのです。

なお、キャッシュフロー表を作成する時にはどうしても目的に数値を合わせにいく傾向があります。これは私の経験と反省を込めていうのですが、表の作成時には**希望的観測による恣意的な数字を入れないように注意する必要があります**。時には意に沿わない結果であっても、それは現実の評価として受け止めて、策を講じていかなければなりません。

●介護問題の2種類のリスク

ここからは、前述したようなリスクへどう対処していくかを検討します。「リスク」は私達が普段よく使う言葉ですが、ここでは2つに分類します。

・ワンショットのリスク
・フローのリスク

この2つは私の造語ですが、リスクの種類によって対処方法がまったく違ってきます。

ワンショットのリスクとは原則1回（ワンショット）の一時的支出で処理ができるリスクです。

例えば、火災による家屋の焼失や事故による損害賠償金、保険対象外の高額な先進医療の治療を受けるケース、また介護に関連するものとしては住宅の改修費用や介護用具の購入費用、施設入居時の一時金等です。

次にフローのリスクとは、1回の金額は大きくなくても出費が継続的でゴールが見えず、総費用が不明なリスクです。例えば長生きによる老後資金や長期にわたる介護費用等です。

介護費用リスクにはワンショットのリスクとフローのリスクの両方が混在していますが、在宅での介護サービスや施設の継続的な利用料、月々の介護用品の購入費用などのウエイトからいえば、間違いなくフローのリスクに分類されます。そして**ワンショットのリスクよりフローのリスクのほうがはるかにたちが悪い**のです。

●基本対策は４つ

これらのリスクに対する基本的な対策は次の４つです。

【対策１】貯蓄

説明するまでもないもっともオーソドックスな対策ですが、オーソドックスだからこそあなどれません。

貯蓄のメリットは、緊急の出費やまとまった買物をする時に借金をすることなく対応できることです。

もちろん貯蓄のみでリスクをカバーするには限界があります。しかし「貯蓄から投資へ」といったマスコミの報道や金融マンの巧みなトークに煽られて、あえて貯蓄を株や投資信託へ移行させる必要はないのです。

貯蓄については次の項（39ページ）で詳しく書きます。

【対策2】保険

保険はリスク対策として間違いなく有効です。貯蓄では補えない大きなリスクをカバーすることに適しています。しかしリスクの選別を誤ると、保険料という出費により貯蓄が脅かされることになります。保険と貯蓄は両者がもたれ合う関係にあり、絶妙なバランスが必要です。多くの方はこのバランスがいびつになっているため、保険の利用は慎重に検討する必要があるのです。

この点については第3章で解説します。

【対策3】終身型の制度をフルに活用する

終身型とは、生存している限り支払われるというシステムです。

終身型といえば保険のカテゴリーでもありますが、あえてここで保険と分けた理由は、もっともたちが悪い**フローのリスクに唯一対抗できる対策**だからです。

介護問題のひとつは「いつまで続くかわからない」ということであり、まさにフローのリスクを象徴しています。

老後の準備をしていたにもかかわらず60代で亡くなる方、一方で資金の枯渇におびえながらも

100歳まで生きる方、寿命にはバラツキがあり、予測することはきわめて困難です。

この難問をクリアする効果的な対策が、**終身型の制度**を活用することです。

終身型については第3章でも触れますが、年金も公的介護保険制度も民間の介護保険も、終身型という仕組みにまず注目すべきです。これは単なる掛金の損得ではなく、不確実でたちが悪いフローのリスクに対して安心感を与える最強のツールとなります。

【対策4】極端な事例へのリスクは借入れ枠の準備でクリア

対策1～3を駆使しても、そのキャパシティをオーバーしてしまう極端な事例は当然制御できません。私たちはこの非常事態ともいえる極端なリスクとどう対峙していけばいいのでしょうか。

そのための対策が、**「借入枠を拡大させて即日動かせる資金を準備する」**というものです。

取り扱い方は、災害時の非常用袋や緊急時の救命胴衣と一緒です。結果的に使用することはなくても、その気になればいつでも使えるものとして常備するのです。しかも、この非常用袋は準備するためのコストはかかりません。個人差はありますが、即金で300万～500万円程度の都合がつく体制を作っておきたいところです。

実際に借入れ枠を拡大させるためには、自分の社会的信用力を高めておく必要があります。借入れ枠を拡大したり新規借入れ枠を作成することは、いつでも誰でもできるわけではありません。

私は以前、銀行の融資部門を担当していたことがありますが、融資する側がもっとも恐れているのはデフォルト（返済が滞り資金の回収ができなくなる）リスクです。融資の審査基準はどこの金融機関でも悩みのひとつです。

その中で金融機関が安心する基準は、担保と保証人です。持ち家や土地などの物的担保の価値が十分であったり、しっかりとした保証人がいれば、金融機関は融資をします。

一方、無担保・無保証で借入れ枠を拡大したり新規に借入れ枠を作る場合は、おおよそ次のステップを踏みます。

・過去の返済履歴を確認……これはすべての金融業者が最優先でチェックします。なぜなら返済で一度でも問題を起こした人は統計的に問題を繰り返す確率が高いからです。

↓

・勤務している会社の確認……次に金融機関は相手の勤務先もチェックしますが、自営業者より会社員に甘い傾向があります。カード等を作るのなら会社員のうちに作っておくことが得策です。

↓

・収入の確認……源泉徴収票等の提出により実際の収入の実態をチェックします。

確率は低いが発生すると巨大な損失をもたらすリスクを「テールリスク」といいますが、**「テールリスクは借入れ枠の準備でクリア」**という発想があれば、過剰に払っている保険料の削減が意外と簡単にできるのです。

テールリスクに対しての考え方は、不安を払拭するための心の整理法です。したがって実体として担保されていなくても構いません。極論すれば、**自分の心を上手に騙してあげればいい**のです。

ただし騙すにはそれなりにリアリティのある準備や体制が必要です。だからこそ現実に借入れ枠を広げ、いつ何時でも発動できるという状況を作っておくのです。

なお、この戦略はあくまでも非常事態用です。日常の生活が困窮したからといって、安易にこの枠からお金をつまんでくるようなことだけは絶対にしないでください。

4 介護リスクに備える貯蓄のしかた

●貯蓄にも戦術がある

お金の対策といった時に最初に出てくるのは、貯蓄でしょう。介護の資金を考える時も同じです。誰でも今から始められることなので、やはりここからスタートしたいところです。

「貯蓄を増やす」という目的を達成するための方法は、**「収入を増やす」「支出を減らす」**の2点に尽きます。

まずは収入を増やすための具体策ですが、これは端的にいって2つのアプローチが考えられます。

・働いてお金を増やす
・お金を運用して増やす

どちらも言うのは簡単ですが、実行して成果を上げるのは生やさしいことではありません。

ここでは、貯蓄を増やすために人という資源をどう効果的に使うかを考えてみます。

何か特別な才能があるわけではない、一般的な収入レベルの方でも比較的簡単に貯蓄を増やす方法があります。それは**働き手を増やし、かつ集合させる**ことです。

当たり前の話ですが、4人家族であれば4人で働き、4人で一緒に生活することが貯蓄を増やすためのもっとも合理的な方法です。

例えば、夫（手取り600万円）、妻（手取り300万円）、長男（手取り350万円）、次男（手取り250万円）という家族がいたとします。手取り収入の総額は1500万円となります。

この家族が一緒に暮らして年間500万円の生活レベルを維持することができれば、たった10年で1億円の貯蓄に成功します。

もちろんこれは仮定の話ですが、特別な才能がなくても1億という大台を可能にさせるひとつの考え方です。

この例が示唆しているのは、現在の日本において、妻が専業主婦になったり、子供が一人暮らしをするといったライフスタイルを選択することは、マネープランにおいて結構な贅沢であると言えるのです。

●働いて稼ぐ力は最大の資産

重要なことは稼ぐことであり、継続的にお金が家計に流れている状態をキープすることです。ライフプラン上の最大のリスクは、リストラや経営破綻などで収入が途絶えることで、ファイナンシャルプランナーとしての視点からいえばこれがワーストシナリオなのです。

その観点からいえば、最近増加している介護を理由として会社を辞める、いわゆる**介護離職**はきわめて深刻な事態です。

おそらくそうせざるを得ない環境や事情があり、本人も究極の選択として離職という最後のカードを切っているのであろうことは想像できます。これらの決断に対して軽々しく口を挟むことは慎むべきですが、ファイナンシャルプランナーの立場からは、離職によって収入を断ち切るという選択を勧めることはできません。

たとえ一時的にはしのげる資金があったとしても、離職という決断は後々傷口を広げることになりかねません。中には離職して1カ月後に介護状態の親が亡くなるといった、皮肉な事例すらあります。

したがって周囲を巻き込むなり、次ページのような制度を利用するなどして、何とか踏ん張る知恵を絞りだす必要があります。

介護離職をしないための支援制度

介護休業制度

取得対象者	要介護状態の対象家族を介護する労働者であれば、男女を問わず「介護休業」を取得することができる。
要介護状態	負傷、疾病などにより、２週間以上にわたり常時介護を必要とする状態のこと。
対象家族	配偶者・父母・子・配偶者の父母や、同居かつ扶養している祖父母・兄弟姉妹・孫。
休業できる期間	対象家族１人につき、要介護状態に至るごとに原則１回、通算93日まで。
手続き	休業開始予定日と休業終了予定日を決めて、原則として２週間前までに、書面等により事業主に申し出る。
介護休業給付金	雇用保険法により介護休業を取得した雇用保険の被保険者（65歳未満の一般被保険者）は原則「介護休業給付金」を受給できる。給付額は原則として、休業開始前の給与水準の40%となる。ただし休業中に事業主から給与が支払われた場合、給付金は減額または不支給となる場合もある。

介護休暇制度

要介護状態にある対象家族が１人の場合は年５日、２人の場合は年10日を限度として、介護休暇を取得できる。事業主は労働者からの申し出を拒むことはできない。

事業主の措置や配慮

不利益取り扱いの禁止	介護休業、介護休暇等を申し出たことや取得したことを理由に解雇やその他不利益な取り扱いをすることはできない。
時間外労働の制限	介護を行う労働者が申し出た場合には、事業主は１ヶ月24時間、1年150時間を超える時間外労働をさせてはいけない。
深夜労働時間の制限	介護を行う労働者が申し出た場合には、事業主は深夜（午後10時〜午前５時）に労働させてはいけない。
勤務時間の短縮等の措置	介護休業制度を取得せずに介護を行っている労働者に関して、事業主は93日間以上の期間について勤務時間の短縮等の措置を講じなければいけない。（短時間勤務のほか、フレックスタイム制、始業終業時刻の繰上げ繰下げ、介護サービスの費用の助成など）

※介護休業は通算で93日ですが、「自分が介護を行う期間」というよりは「今後、仕事と介護を両立するために体制を整えるための期間」と考えます。　※介護休暇を利用することで、通院等の付添いや手続の代行等を年休や欠勤で対応しなくてもよくなります。

●お金を運用して増やす

近年、「資産運用」という言葉がよく使われるようになりました。

資産運用とは自分の資産を効率よく増やしていくことですが、資産運用にも2種類あります。ひとつは預金・貯金といった、元本は保証されるがリターンの少ない貯蓄型、もうひとつは株や不動産・FX・先物取引といった、元本の保証はないがリターンの大きい投資型です。

この2つの方法を組み合わせて資産の拡大や保全を目指すのですが、ここでは投資型の特徴について見てみます。


まず始めに、投資という言葉は使い勝手がいいため実に広い意味で使われていますが、投資とはどのような手段であっても、**必ず不確実性（リスク）を伴う**ものであることを肝に銘じておく必要があります。

次に、投資による運用効果は**資産の規模に依存しています**。もし投資で資産を増殖させようと思うのであれば相当大きな資金がなければ微々たる効果しか望めません。

例えば1年で500万円稼ごうと考えた場合、仮に資産運用だけで500万円の利益を手にしようと思えば、年10％の運用利回りの能力があっても元金として5000万円を準備する必要があります。

一方、年収500万円を働いて稼ぐ力のある人は、元金0円からスタートしても年間500万円の利益を手にすることができるのです。

だからといって投資による資産運用を否定しているのではありません。そもそも資産運用とは中長期的にゆっくり時間をかけてお金を増やしていく方法であり、短期的な見方をすれば、**働いて500万円を稼ぐパワーには及ばない**ということなのです。

現在、「楽して儲かる」などという情報や金融商品がネットなどで氾濫しています。確かに効果的で確実性の高い投資術は存在します。しかしそれは決して「楽して」とか「短期間に」といったものではありません。投資で成功を収めるためには、どうしてもある程度の知識と経験を積み上げる必要があるのです。

もし投資を始めるのであれば、私が助言できるのは次の2つです。

自分が購入しようとしている投資商品（株式・投資信託・債券・不動産など）の仕組みをよく理解するべきだということ、そして、よくわからない商品であればどんなに勧められても決して購入はしないということです。

●まず「倹約」という金融商品を使え

もし「月5％の利回りが保証された金融商品がある」と言われた場合、あなたはどう思いますか。現在の経済状況下では、月どころか年5％であっても直感的に疑ってかかる方がいいでしょう。さらに、数字以上に「保証」という言葉も問題です。投資の世界ではリスクとリターンは常にトレードオフ（一方を追求すれば他方を犠牲にせざるを得ない関係）であり、5％の利回りを狙えば論理的には5％の損失リスクを覚悟しなければなりません。

それでは、視点を変えて「月5％節約しよう」と言われた場合はどうでしょうか。とりたてて大きなリスクはありません。30万円の生活で月に5％の節約に成功すれば、1万5000円の収益を得たことになります。

一方、30万円の資金を月5％で運用した場合も、同じく1万5000円の収益となります。収益は同じですが、どちらのほうが**現実的**でしょうか。

昨今の資産運用ブームの中、投資家は時には0・1％、0・2％の利回りの差をめぐって金融商品を選択していますが、もし月5％の節約に成功すれば、リスクのないパフォーマンスの高い金融商品を手に入れたことになるのです。投資を考える前にまずは倹約を行う方が賢明と言えるでしょう。

5 いちばん恐いのは認知症

●認知症から介護状態に至ることが多い

ここまでは一般的なライフプランに介護をプラスしたといった内容だったと思いますが、ここからは、介護に特有かつ最重要なテーマについて触れていきます。

それは**認知症**です。

介護状態になる原因はさまざまです。

転倒による骨折や脳血管疾患などにより突然介護状態になるケースや、病気の進行により徐々に介護状態へ推移していくケースなどがあり、介護方法や費用のかかり方などはそれぞれ異なります。

中でも、介護状態に至る原因の中で比較的割合の多いのが認知症です。

多くの介護人の家族が認知症の対応に苦慮しており、また**介護費用を見積もる上でも不確定要素が**

多いといった難題を抱えているのです。

●認知症の推計は４６２万人

認知症は今や社会的問題となりつつあります。徘徊などで行方不明となり、警察に届けられた件数は、２０１３年には約1万人でした。

以下の記事を見てください。

> 65歳以上の高齢者のうち認知症の人は推計15％で、２０１２年時点で４６２万人にのぼることが、厚生労働省研究班（代表研究者・朝田隆筑波大教授）の調査でわかった。軽度認知障害（ＭＣＩ）と呼ばれる「予備群」が約４００万人いることも初めてわかった。
>
> （朝日新聞デジタル・２０１３年6月1日）

このデータは、最近の認知症に関するものとしてはもっとも信憑性があるとしてよく使われているものです。

推計では高齢者のうち15％が認知症で、しかも予備群を含めたら８６２万人になります。この数字は、65歳以上の人口（３２００万人）のうち約４人に１人となります。

ただしこのデータだけでは単に危機を煽っているにすぎないため、補足説明が必要です。

まず第一に、予備群が必ずしも認知症になるわけではありません。

次に、認知症だからといって多額の介護費用がかかるとは限りません。事実、認知症であっても介護保険制度を利用せず普段通りの日常を過ごしている高齢者は多くいます。

つまり認知症にも段階があり、また症状も多種多様であることから、**〝認知症だから即介護だ、施設だ〟と考えるのは拙速なのです**。

認知症は緩やかに進行していくため、まずは在宅での見守り介護を考えて、進行度に応じて施設の検討に入るといった流れが一般的です。したがって、脳血管疾患などによる突発的な介護と比べて時間的猶予があり、初期費用も比較的抑えられます。

これらの特徴を踏まえた上で、冷静に事前の対策・準備をしていく必要があります。

●認知症とはどんなものなのか

ここからは認知症の基礎知識を確認していきます。

まずはじめに認知症という言葉ですが、これは**病気の名前ではありません**。認知症とは病状を示す言葉であり、例えば「アルツハイマー型認知症」といえば、アルツハイマーという病気による認知症という病状を指します。

認知症の原因疾患は何十種類もあり、その代表的な原因疾患がアルツハイマーで、認知症全体の6割を占めています。

認知症にはさまざまな症状が見られますが、大きく分けて2つに分類されます。

ひとつは**中核症状**といって、時間や場所がわからなくなる、記憶障害がある、判断力が低下するなどといった症状です。もうひとつは**周辺症状**といって、徘徊をしたり異物を口に入れたり、その他暴力行為、便いじり、幻覚、妄想、興奮、不安などといった症状です。

もちろん中核症状より周辺症状のほうがはるかに深刻です。

現在、**認知症を完全に治す治療法はありません**。軽症の段階であれば症状の進行を遅らせる薬はありますが、認知症の明確な原因はまだ解明されておらず、予防策も仮説に基づいた参考程度であるのが現状です。

以上の基礎的事項を確認しただけでも、タイプにより対応が異なり、治療法の限界もあるため、認知症が難しい病状であることがうかがえます。

私もかつて認知症対応型グループホームでスタッフの一員として勤務した経験がありますが、認知症患者の言動は奇抜で、理屈では説明できません。ともに食事をしたり、入浴介助をしながら楽しく笑顔で昔話をしていても、次の日になれば「あんた、だれ？」と言われるため、はじめから会話をやり直します。

また前述のような難しい周辺症状に対処するため、各スタッフは日々知恵を出し合い、手を変え品を変えての試行錯誤の毎日です。認知症の介護をする職員は、一般的に想像されている以上に、臨機応変に立ち回れる対応能力が求められるのです。

●認知症は介護費用リスクの大本命

左のグラフを見ると、認知症は介護が必要となった原因の15・3％を占めています。大きな割合ではありますが、やはり問題の本命は1位の脳血管疾患ではないのか。誰もがそう思います。しかし認知症は介護費用リスクの視点から見れば間違いなく大本命なのです。

その理由は次の3点です。

【理由1】介護認定基準と認知症の自立度が必ずしもリンクしていない

認知症の症状には、徘徊、人に危害を加える、異物を口に入れる等があり、これらの症状に対して介護人は事実上24時間の監視体制をとる必要があります。

しかし反面、風呂、トイレ、食事、歩行など生活面では身体的に自立しているため、**介護度の認定が低めに判定される傾向がある**のです。

第2章でも触れますが、要介護度は認知症の程度（進行度）だけで決まるわけではありません。認定にあたっての重要なファクターは認知症の状態と身体状態であり、それらを総合的に調査した上で

介護が必要となった主な原因の構成割合

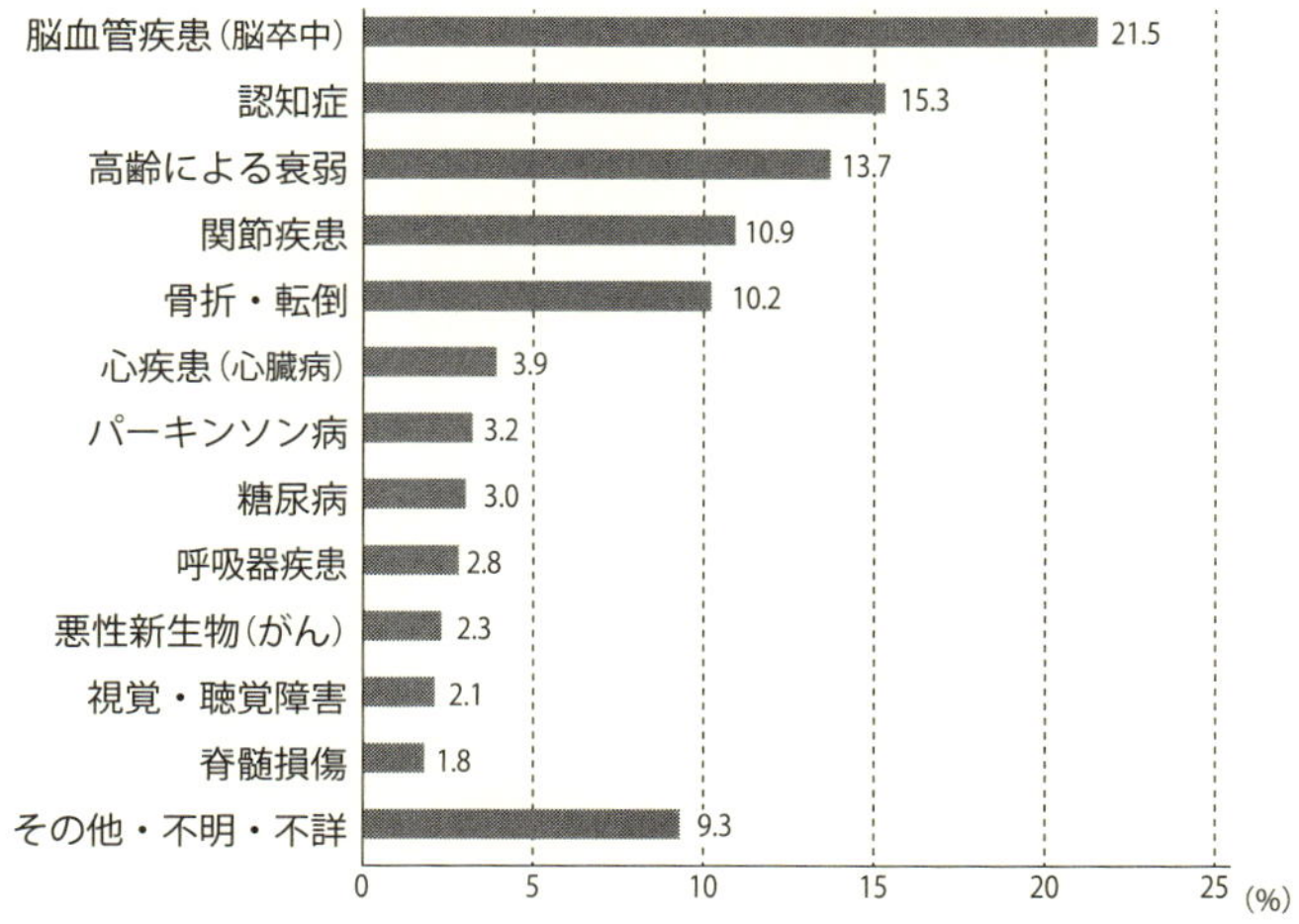

注：「総数」には、要介護度不詳を含む。（厚生労働省「国民生活基礎調査の概況」要介護度別にみた介護が必要となった主な原因の構成割合（平成22年）より作成）

判定されます。

したがって、**一般的な感覚としての介護の手間と、実際の介護認定度が合致しない**のです。

例えば徘徊という症状でいえば、身体状況が比較的良好であるからこそ歩きまわるといった行動が可能となるわけで、むしろ身体的問題が発生して寝たきりや車イス生活になった方が、症状は進行していても介護の手間の総量は軽減するのです。

これは認知症に限ったことではなく、例えば食事介助（一口ずつ時間をかけて食事を口に運ぶ介護）を必要としている高齢者の症状が悪化して、胃ろう（胃内に管を通し食事、水分、医薬品を流入させる処置）となれば、介護の手間は減少します。また定期的なタンの吸引や排せつ介助が必要な重度の介護者であっても多少目を離すことは許されます。

このような例は〝**介護認定の逆転現象**〟といわれ、認定の判断の妥当性をめぐる議論としてたびたび取り上げられます。「心身の状態の悪化＝介護の手間の増加」とはならないところに問題の本質があり、介護認定の難しさを表しています。

この逆転現象はどの疾患においても確認されますが、その中でも認知症が際立っているのです。仮に介護認定が低く判定されてしまうと、費用の1割負担で利用できる公的介護サービスも限られるため、必然的に自己負担額が膨らむことになります。

もちろん認知症が必ずしも低く判定されるというわけではありませんが、ミスマッチが起こる蓋然性が他の原因より高いという意味で、**費用拡大リスクをはらんでいる**のです。

【理由2】在宅介護で発生する損害賠償リスク

認知症患者の介護をするにあたっては、介護施設を利用するより在宅で介護をした方が明らかに費用を抑えられます。認知症患者本人にとっても、環境の変化は身体にマイナスの影響を与えることも考えられます。

しかし在宅介護にもリスクは潜んでいます。この点について、実際にあったケースを使って見ていきたいと思います。患者本人や一家族の問題とは言っていられない、社会的な問題につながっていることがわかるでしょう。

２００７年12月、愛知県に住む当時91歳の認知症の男性がＪＲ東海道線の線路内に入り、列車にはねられて死亡するという事故が発生しました。

ＪＲ東海は男性の遺族に対して振替輸送や乗客への対応にかかった人件費などの損害賠償を求め、名古屋地裁は家族が注意義務を怠ったということで、７２０万円の賠償金全額を認めています。

死亡した男性と同居する当時85歳の妻も要介護１の認定を受けており、近くに住む長男の妻が介護にあたっていました。認知症の男性には長男の他に3人の子供がいましたが、直接介護にあたった85歳の妻と長男のみが賠償責任を問われたのです。

2014年4月の二審判決では、妻のみに360万円の支払いが命じられています。

この事例にはいくつかの問題が絡んでいます。

第一に、訴訟を起こすJR東海の行動は道義的にいかがなものか。

第二に、この裁判所の判決はいかがなものか。

第三に、この家族はこの事故を防ぐためにどうすればよかったのか。

まずJR東海は民間の企業です。企業は営利活動のために存在しており、多くの株主もいます。したがってこのような損害を丸々企業が被ることはできません。同様の事故が少なくないだけに賠償を請求せざるを得ないのです。

また裁判所の判決も、現行法では**認知症には家族**（又は介護施設の職員など）**に監督義務があり、その義務を果たせなければ賠償責任が生じる**ことになっており、とりわけ的外れな判決を下したわけではないのです。

ではこの家族はどうすればよかったのでしょうか。

認知症の男性を家の中でベッドに縛りつけておく。これが物理的にはもっとも確実な事故防止策です。しかしそれは社会的にも心情的にも許される行為ではありません。また監禁、虐待の罪に問われるといった新たなリスクが発生します。

対応策として**「個人賠償責任保険**に加入しておく」と答えた方は、リスク管理に対して良い感性を持っています。

個人賠償責任保険とは、日常生活の中で他人に対してケガをさせたり、他人の物を壊してしまい法律上の損害賠償責任を負った際に対応する保険です。

ただし、個人賠償責任保険が今回のような事例で適用できるかどうかは慎重に吟味する必要があります。

各保険会社の個々の規定・約款等を確認することはもちろんですが、補償例として明示されていない稀なケースの扱いはどうなるのか、免責事項の「心神喪失状態」とは認知症の病状でいえばどの程度をいうのか等、相当突っ込んだ確認をした上で補償を担保しなければなりません。

個人賠償責任保険は保険料がリーズナブルな分、いざという時にまったく役に立たないことがあるので、このような作業が必要になるのです。

よく地域の自治体の広告に、認知症対策として「人としての尊厳を重視して、地域社会全体でサポートしていく街づくり」等々の美しい理念を見かけますが、いまひとつ実現への具体的プロセスが見えません。

認知症の周辺症状においては24時間監視体制が強いられるため、一家庭で防ぐことは物理的に限界があるのです。

現在の環境下での解決策はただひとつです。

経験のあるプロがいる施設を利用するしかありません。もっとも、そのためには利用料を支払わなければなりません。

認知症介護で在宅介護を選択すると事故や事件の加害者となり賠償責任を求められるリスクがあり、一方で施設の利用を選択すると利用料という大きな出費が発生する――このために、認知症が介護費用にかかわるリスクの中でも最大となっているのです。

【理由3】立証された予防策がない

51ページのグラフをもう一度見てください。

認知症とそれ以外の原因との違いは何でしょうか。

じつは認知症以外は、もし本人がその気になって真剣に取り組めば、**若い頃からある程度の予防が**

可能だという点です。

予防に関しては第4章でも触れますが、要介護状態を回避したり遅らせたりするための自助努力が可能であることは、リスク対策として大きなプラス要因です。

もちろん、要介護状態になるきっかけは不可抗力の事故であったり不運の連鎖に遭遇するためであったりするため、すべて回避できるわけではありませんが、認知症に限っては今もって原因が解明されておらず、予防策も因果関係を推定しながら仮説を立てているというのが実態です。

つまり自分が認知症になるかならないかは、この近代社会においてもいまだ神棚の前で拍手を打ち祈るしかないのです。

制御したり回避する手立てがない不確実性こそが「リスク」なのです。

●認知症対応型グループホームは切り札となるか

2000年度の介護保険制度の開始以来、**認知症高齢者グループホーム**が急速に普及しています。

グループホームとは、認知症の高齢者が少人数で介護スタッフとともに共同生活を行う住宅であり、利用者の居室は個室で、共用部分として食堂などのフロアを設けています。

また能力に応じて料理や掃除などの役割を分担しながら、自宅で過ごすのと同じような雰囲気で生活が送れます。毎月の費用は大体15～20万円といったところが相場です。

一見すると認知症の切り札的な存在とも思えますが、現実的にはいくつかの問題が発生しています。

そのひとつが**利用者の重度化**です。

認知症は月日の経過とともに進行していきます。当初は軽度から中程度だった認知症の人でも徐々に重度化していくため、開設して何年も経過したグループホームでは実質上、食事、排せつ、入浴などの基本的対応で1日の大半が過ぎてしまい、当初の理念とはほど遠い状態となっています。

グループホームには医療の専門家もいない上に、重度化した認知症に対応できる設備もありません。介護職員は徐々に過酷な勤務状況に追い込まれていきます。しかし家族は「最期までここで過ごさせて下さい」と懇願します。

これは構造的な問題であり、グループホーム単体で解決できる事案ではありません。

また、あまり語られてはいませんが、**介護職員の安全対策**も気になるところです。

認知症ケアは老人介護の中でも難しいといわれますが、その要因は、重度の認知症患者が他の高齢介護者と比べてはるかに暴力的で危険な一面を持っている点です。

私も実際の介護現場で、介護職員が認知症患者に突然殴られて顔にアザをつくったり、指を噛まれ大量出血して救急搬送される場面に遭遇したことがあります。認知症患者の対応の難しさを改めて感じるとともに、認知症患者の人権擁護ばかりが語られる風潮には若干のバランスの欠如を感じます。

このように、現在のグループホームに見直すべき課題があることは確かです。しかし認知症対策の切り札となる可能性は秘めていると思います。

グループホームという認知症患者に特化した枠組みを設けることに意味があります。治療法や対処法がまだ研究過程にある認知症を他と切り離せば、介護職員も認知症専任スタッフとしてケアに集中することができ、多くの試行錯誤を繰り返す中で、やがて共通の合理的対処法が構築されると思います。

私はグループホームが、認知症介護に疲弊した家族の最後の駆け込み寺として機能してくれることを期待しています。

以上、ここまでグループホームについて書いてきましたが、施設の利用そのものへ抵抗を感じている方も多いようです。

ただ、施設入所の有効性は前述のＪＲ東海の例からも明白で、**認知症患者は結果的に〝加害者〟の**

立場に立たされる可能性があるのです。

社会の風潮として、家族の献身的介護は美談となり、対して施設に預けることは介護ネグレクト（放棄）と疑われる恐れがあるため、施設の利用には慎重な方もいるようです。

しかし世間体や情緒的な葛藤で躊躇していても、介護者のためにも、社会全体のためにもなりません。もしそのような理由で施設利用をしないという方が多いのであれば、私はいっそ、法や条例で、重度の認知症患者や過重負担の在宅介護家庭など社会的リスクの高いケースは施設入所を義務化してしまう方がいいと思います。そうなればビジネスライクで事が運びやすくなり、社会的安全対策にもなるはずです。

いずれにしても、在宅の介護人が限界まで来た時に逃げ出すことができるシステムが必要であり、それを社会が容認する風潮になるべきだと思います。

6 数字を使ったシミュレーション

1章の最後に、将来の介護費用対策をした場合としなかった場合の2つのケースを、具体的な数字を使って考えてみたいと思います。

例として、以下のような夫婦がともに30年生存するものと仮定します。

［家族構成］
夫65歳（年金生活者）
妻63歳（年金生活者）
［収入と資産］
年金収入：夫婦合わせて年間250万円
貯蓄：1200万円

日常の生活費については次のデータを使用します。

最低日常生活費…22万円（月額）
ゆとりある老後生活費…35・4万円（月額）
（生命保険文化センター「生活保障に関する調査」平成25年度）

ご夫婦は年金と貯蓄でつつましく老後を過ごそうと考えているため、前者の数字を使います。
さて、この夫婦が介護費用をまったく準備していなかったとしたら、どのような未来を迎えることになるでしょうか。

【シミュレーション1】
・支出…22万円×12ヵ月×30年＝7920万円
・収入…250万円×30年＝7500万円

差し引きすると420万円の赤字ですが、貯蓄の1200万円で十分補填できそうであり、つつましく老後を過ごす限り差し当たり大きな問題はなさそうにみえます。

ところが、夫が80歳で要介護2となり、月額7万円の支出が発生したとするとどうなるでしょう。

・支出…22万円×12ヵ月×15年＝３９６０万円（夫65歳～79歳）
29万円×12ヵ月×15年＝５２２０万円（夫80歳～95歳）
支出合計…９１８０万円

これでは１６８０万円の赤字となり、１２００万円の貯蓄だけでは資金がショートしてしまいます。

もし、前もって介護費用を準備していたとしたら、どうなったでしょうか。

ここでは、夫が要介護2以上になれば月額7万円を受け取れる民間の介護保険に入っていたものとします。


【シミュレーション2】
・支出合計…９１８０万円
・年金収入…７５００万円
民間の介護保険からの給付金…１２６０万円（7万円×12ヵ月×15年）
収入合計…８７６０万円

やはり420万円の赤字ですが、1200万円の貯蓄で補填できそうです。

民間の掛け捨ての介護保険の場合、支払った保険料が無駄になる可能性がありますが、それは人生のコストとして了解できるか否かの問題です。この点については、自動車保険や火災保険の掛け捨てを大多数の人が了解しているのと同じだと考えればいいのです。

介護費用対策を打つことの重要性がおわかりいただけるかと思います。

【シミュレーション2】のためには民間の介護保険に入る必要があるのですが、新たな出費は避けたいところです。

この点については保険の組み換えで解決できます。詳しくは3章で説明します。

介護のQ&A①――介護費用がいらない人もいるのでは？

Q【質問者：Aさん（53歳）】

正直、私は自分の介護に備えた経済的準備はしていません。また今後もあえて備えるつもりはありません。

そのわけは、もし私が将来介護状態になったとしても、その時は息子や娘たちに面倒をみてもらおうと考えておりまして、その旨を伝えたところ快く了解をしてもらっているからです。また私は普段から健康には留意しており、介護に備えた資金準備は空振りに終わってしまう可能性が高く、それよりはその分の資金を日常生活にあてることで充実した人生を送りたいと思っています。

介護に対しての見解は家庭環境によりさまざまであるとは思いますが、私のように扶助の精神で、次世代からの援助も対策のひとつと考え、とりたてて介護費用の準備をしないのもありなのではないでしょうか。

A【著者の回答】

将来の介護リスクに対する考え方に正解はありません。各家庭の実情に応じた対応策をとってい

くことが望ましいと思います。そこで、身近な事例をもとに私の見解をお話しします。

●ケース1

重度の認知症になった80歳の母親を介護施設に入居させることになり、その入居金と今後の介護費用をめぐって、４人の子供の間で激しい感情的対立が起きているケースです。

介護費用の負担をめぐる兄弟間の揉め事はよくある話ですが、この事例には２つの問題が絡んでいました。

第一の問題は、４兄弟に著しい経済的格差があったことです。この場合、入居金の負担を杓子定規に4等分にすることが適当なのか、それとも税金のように収入状況に合わせた応分の負担にしたほうが公平なのか。

また第二の問題として、それまで10年あまりの間、在宅での介護は主に長男の妻がしており、妻はそのために仕事まで辞めて多くの時間を夫の母親のために費やしてきました。

この２つの問題を絡めて、入居金や介護費用の配分をどのように調整することがもっともフェア

といえるのでしょうか。

じつはこのようなケースでは、どれほど精密で合理的な調整方法を採っても、主観的な感情論は払拭されずに必ず遺恨を生みます。幸いにしてこの4兄弟は、お互いに連絡を取り合える関係性は保たれていたため、長男が中心となって集まり、腹を割って話し合い、折り合いをつけることにしました。

介護がらみのお金の問題を子や孫の代へシフトさせることは、仲のいい兄弟姉妹であっても亀裂が生じるきっかけとなります。また、表面上は平穏に見えても、各人の胸にたまった数々の不満が積み重なり相続時に爆発して、お決まりの相続争いへと発展しやすいのです。

「うちに限って相続争いなんて……」と思われるでしょうが、相続争いは相続財産が1000万〜2000万円くらいと比較的低額の家族ほど頻発している事実を覚えておいてください。

●ケース2

私の友人（48歳）の例ですが、彼は1人っ子で、結婚された奥様も同じく1人っ子でした。結果的にこのご夫婦は、現在3人の要介護の高齢者を支えることになっています。

ご夫婦各々の両親は全部で4名存在するわけですが、そのうち1人はすでに亡くなっており、3人が要介護認定を受けている状況なのです。

現在は同居しているわけではないので大きな負担になっていませんが、今後介護度の進行具合によっては、相当難しい対応を迫られるのではないかと恐れています。

このご夫婦がそこまで想定して結婚されたかどうかは定かではありませんが、兄弟姉妹の少ない現代社会では決して特異なケースとは言えません。

年老いて肉体も頭脳も衰えて介護状態となることは、誰にでもやってくる運命であり、それを責める子供はまずいないでしょう。しかし経済的な負担に関しては、長期になればなるほど子供達の本音は〝もう少し何とかしておいてくれたらなあ〟となることもあるのです。

事前の話し合いや取り決めが息子・娘たちの間で仮に決まっていたとしても、現実に介護に直面して、それが想定外の症状・費用・期間であったりすると、取り決めがあっさりと破られることもあります。こうした将来の感情の変化を現時点で想像することはきわめて難しく、その時になってみないとわかりません。経済的負担を子や孫の代へシフトさせることは、時としてその子達の人生設計にまで大きく影響を与えてしまうことにもなりかねません。

そのような大きなツケを次世代に回すことは極力避けるべきです。やはり可能な範囲で自らの介護費用を準備しておくことを目指すべきだと私は考えます。

2章

介護の中心は公的介護保険制度

1　いちばん重要なのは公的介護保険制度

●公的介護保険制度を制する者は老後を制する

介護保険制度のおかげで、私たちは自由に介護サービスを選択できるようになりました。

それは同時に、介護を自らの裁量で設計できるということであり、**設計次第で介護費用に大きな差が生じるようになった**ということです。

かつてのように、民生委員やケースワーカーなどが高齢者宅にやってきてあれこれと面倒をみてくれる時代ではありません。そもそも介護保険のサービスも自発的に利用者（または家族）が申請しなければ、いつになっても利用できません。

そんな介護保険だからこそ、**仕組みをよく理解して賢く使いこなすことが老後を制する**といっても過言ではないのです。

介護費用リスクを念頭に置いて老後設計を検討していくにあたり、介護保険制度の重要性はきわめて高くなります。まずはこの制度をしっかりと理解しておく必要があります。

この章では、介護保険制度の仕組みの大枠を理解して、介護サービスと自己負担額の関係を押さえます。また制度の使い方や制度が抱えている将来的な問題点もファイナンシャルプランナーの目線から提起していきます。

●サービスを自分で選べる時代

介護保険制度が施行されるまでは、高齢者の介護は主に健康保険（老人保健）で行われていました。ようは行政が税金を使い必要なサービスを提供していたのです。

しかし老人医療費の膨張や、〝社会的入院〟といって、治療は必要ないけれど自宅では介護できないため入院し続けるといった問題が浮上してきました。また施設不足や地域によるサービスの格差も顕在化したために、高齢者を家族などの個人ではなく社会全体で支えようという理念のもと、**社会保険方式の介護保険制度**が作られました。

社会保険方式とは、年金や医療保険と同様に、加入者が保険料を払い、それに応じて給付が受けられる仕組みです。負担と給付の関係が明確なため、保険料を払っている加入者の合意が得られやすいというメリットがあります。
この結果、介護を必要とする人はサービスをある程度自分の判断で選べるようになったのです。

●公的介護保険制度の3つのしかけ

介護保険制度は、かつての健康保険制度の失敗を教訓にして作られています。かつての健康保険制度は「年をとれば誰でもいくらでも」という仕組みにより、医療費が無尽蔵に肥大化するという結末を招いてしまいました。この失敗を回避するために、介護保険制度は3つのしかけが組み込まれています。

第一に、利用者は費用の1割を**自己負担**します。決してフリーパス（無料）ではない点に意味があります。有料であることにより、利用の際にはさまざまな工夫に迫られます。

第二に、**利用限度額**という上限を規定しました。このことによって過度にサービスを利用しようとする人を抑制できるため、**利用者全員が平等に利用できるようになっています**。

第三に、**現物給付**であるということです。

現物給付とは、訪問介護のサービス提供や施設の利用、医療の給付などといった、金銭以外の方法で行うことをいいます。この点にも不正受給やモラルハザードを起こりにくくする効果があります。

介護保険制度はこの３つにより財源の肥大化を食い止めようとしていますが、急速な高齢化という社会的背景もあるため、今のところ財政拡大の制御には至っていません。

●公的介護保険制度は頻繁に改正される

介護保険制度は、もともと見直しや修正を前提としてスタートしたという側面があり、ともかくスタートを切って、**後のことはやりながら考えていきましょう、といったスタンスで施行されています。**

事実、制度開始から約15年の間、たび重なる改正・修正が行われてきました。

新しい制度は当然、施行後に矛盾や課題に直面します。また現場からの生の声を反映し微調整を行うことは、制度を成熟させていくための重要なプロセスであり、決して悪いことではありません。

ただ実際問題として制度がコロコロ変更され、さらに複雑化していく現状において、現場での混乱を招くといった弊害が発生していることも否めません。

改正を繰り返した結果、細部となると問い合わせ先の担当者によっても微妙に食い違うケースすらたびたび起きています。

一般の方がこの制度を詳細に学習することは大きな負担なので、あまり合理的とは思えません。

私たちが介護保険制度について考える際には、制度の詳細ではなく大枠をしっかりと理解して、**制度改正に振り回されないように柔軟に対応できるプランを構築していけばいいのです。**

公的介護保険制度のこれまでの経緯

1997年12月	介護保険法成立
2000年 4月	介護保険法施行・サービス開始
2003年 4月	介護報酬引き下げ（2.3%）
2006年 4月	改正介護保険法施行
	介護予防給付、地域包括支援センターの新設 介護認定区分を6段階から7段階へ変更 介護報酬引き下げ（0.3%）
2009年 4月	介護認定基準の見直し 介護報酬引き上げ（3.0%）
2012年 4月	改正介護保険法施行 地域包括ケア体制の構築 介護報酬引き上げ（1.2%）
2015年 予定	改正介護保険法施行 ・要支援1、2のサービスの一部が国から地方へ移管 ・特養の入所基準が要介護3以上へ ・収入に応じて自己負担割合が1割から2割へ ・介護報酬の2.27%引き下げ

2 15分でわかる公的介護保険超入門

●公的介護保険制度の4つの特徴

介護保険制度は決して難しい仕組みではありません。次の4つの特徴を理解することで、だいたいの大枠は押さえられます。

それではひとつずつ確認していきましょう。

【特徴1】保険料

市町村に住民登録されている40歳以上の国民は、一部例外はあるものの原則的に強制加入となります。保険料はサービスを利用しなくても返金されないため、**掛け捨ての終身払い**になります。

加入者（被保険者）は2通りに区分されます。

・65歳以上（第1号被保険者）…保険料は年金から天引き
・40～64歳（第2号被保険者）…保険料は各医療保険者（健保組合や国保など）を通じて徴収

【特徴2】サービスの利用条件

サービスを利用できるのは65歳以上の方（特定疾病にかかった場合を除く）です。
また65歳以上でも、**介護保険の申請をして要介護認定を受けなければ利用はできません**。誰でも自由に利用できる制度ではないのです。

市町村の窓口で申請すると、調査員による訪問調査や主治医の意見書を参考に、最終的には介護認定審査会が要介護度を判定し、次ページの表のいずれかに認定されます。

認定されてようやく保険の給付が受けられるのです。

この仕組みが工夫されているところは、手続き中に複数の人（調査員、主治医など）のチェックに晒されることで、制度を不正に利用しようとする動きを制御しているところです。

【特徴3】利用者負担

利用者がサービスを利用する時は、**利用料金の1割を負担します**。利用限度額を超えてもサービスは利用できますが、その場合は10割（全額）を負担しなければなりません。左表のように、要介護度

要介護度	利用限度額（1ヵ月あたり） 自己負担額（1割）	状態の目安
要支援1	50,030円 5,003円	食事や排せつなど身の回りのことはほとんど自分で行うことが可能。一部に介助が必要だが、介護サービスの利用により改善が見込まれる。
要支援2	104,730円 10,473円	要支援1よりも機能の一部に低下が見られ、日常生活に一部介助が必要で立ち上がるときに一部支えが必要だが、介護サービスの利用により改善が見込まれる。
要介護1	166,920円 16,692円	着替えや排せつ、入浴、食事などに一部介助が必要で立ち上がるときや歩行時に支えが必要となる。
要介護2	196,160円 19,616円	着替えや排せつ、入浴、食事などに一部または全体に介助が必要で立ち上がるときや歩行時に支えが必要となる。
要介護3	269,310円 26,931円	着替えや排せつ、入浴、食事などにほぼ全面的な介助が必要で立ち上がりが一人でできず歩行も自力でできない。
要介護4	308,060円 30,806円	日常生活のほぼ全般で全面的な介助が必要で立ち上がりがほとんどできず歩行も自力でできない。また理解力も低下。
要介護5	360,650円 36,065円	日常生活能力は著しく低下し、身の回りの世話全般にわたって全面的な介助が必要。ほぼ寝たきりで意思の伝達も困難。

※1単位10円で換算した場合（平成26年4月現在）

によって利用限度額は異なっています。

なお介護保険制度にはもうひとつ工夫が施されています。それは同じサービス内容であってもデイサービスやショートステイ、施設介護など、**要介護度が高いほど利用料も高くなるものがある**点です。

利用限度額を上げたいがために、介護認定の調査の時に過剰演技をして介護度を高くしてもらおうとする方がいるようですが、必ずしも介護度が高ければお得になるとは限りません。

少なくとも利用限度額の範囲内で収まっている限りは、介護度が低い方がむしろお得である場合が少なくないのです。

【特徴4】利用内容

介護保険制度が提供する介護サービスは大きく2つに分かれます。

自宅で受ける**「在宅サービス」**と、施設で受ける**「施設サービス」**です。

在宅サービスのメニューには、スタッフが自宅を訪れる「訪問介護」や、利用者のほうから施設に通う「通所介護」、短期的に施設に泊まる「短期入所生活介護」といったカテゴリーに分かれており、その中で必要に応じて利用者が自由に選択していきます。

サービスの単価は、国が決める公定価格があるため、同じサービスであればどの事業者であっても基本的に同一です。

在宅サービスの主なメニュー

訪問サービス	
訪問介護	食事、入浴、排せつといった「身体介護」、調理、掃除、洗濯といった「生活援助」、通院時の乗降介助を行う。
訪問看護	看護師が自宅を訪問して、健康チェックや床ずれの処置、たんの吸引など医療的ケアを行う。
訪問入浴介護	自宅に簡易浴槽を持ち込んで入浴の介助や清拭（身体を拭く）を行う。
訪問リハビリテーション	理学療法士、作業療法士、言語聴覚士が自宅を訪問して、機能の維持、回復訓練などリハビリを行う。
居宅療養管理指導	医師、歯科医師、薬剤師、管理栄養士などが自宅を訪問して、在宅介護に必要な管理・指導を行う。

通所サービス	
通所介護（デイサービス）	施設に通い、食事や入浴、レクリエーションなど必要な介護を受けながら交流を楽しむ。
通所リハビリテーション（デイケア）	理学療法士などの専門家や医師が配置された施設に通い、機能訓練などのリハビリを行う。
短期入所生活介護（ショートステイ）	施設に期間限定の短期間宿泊し、日常生活全般の介護を受ける。

地域密着型サービス	
小規模多機能型居宅介護	一つの事業所で、通所介護、訪問介護、短期入所の３種類を組み合わせて行うサービス。
定期巡回､随時対応型訪問介護看護	一日複数回の定期巡回、通報による随時訪問を24時間体制で行うサービス。
複合型サービス	小規模多機能型居宅介護に訪問看護をプラスさせて医療的なサービスも行う。
夜間対応型訪問介護	22時～6時の間、定期巡回などを行いおむつ交換や体位の変換など夜間必要な介護のサポートを行う。
認知症対応型通所介護	認知症の人に利用を限定したデイサービス。少人数のグループできめ細かなケアを行う。

例えば訪問介護の中の身体介護（食事・入浴・排せつの介助）は、次のように決められています。

20分未満…170単位（自己負担額170円）
20分以上30分未満…254単位（自己負担額254円）
30分以上1時間未満…402単位（自己負担額402円）

実際は20分未満でできることは排せつの介助くらいなので、食事の介助となれば30分以上は必要となります。このへんの組み合わせはケアマネジャー（次項参照）との打ち合わせで決めていきます。なお、利用時間帯や地域性、緊急度、サービス事業所のレベルなどによって加算がつくなどするため、単位の若干の変動はあります。

次ページの介護サービスの目安は、利用限度額の範囲内で介護サービスを受けた場合の一例です。このプランを見て物足りなさを感じるかどうかは、利用者の状態や家族の介護環境次第で大きく左右されるでしょう。

仮に家族の介護が期待できない利用者で排せつ介助や食事介助が必要な人は、少なくとも1日3回（週21回）の訪問介護が必要で、介護保険サービスをそれだけで使い切ってしまいます。

利用限度額内の介護保険サービスの目安

要介護3で「在宅サービス」の場合				
訪問介護	身体介護（着替え、排せつの介助）	20分～30分未満	254単位	（週7回）
	身体介護（入浴など）	30分～1時間未満	402単位	（週2回）
訪問看護	健康チェックや床ずれのケアなど	30分～1時間未満	830単位	（週1回）
通所介護	デイサービス入浴介護付き	5時間～7時間未満	814単位	（週2回）
福祉用具レンタル	車イス（月額500単位）および付属品など			

利用限度額内の介護保険サービスの目安

要介護5で「在宅サービス」の場合				
訪問介護	身体介護（着替え、排せつの介助）	20分～30分未満	254単位	（週7回）
	身体介護（食事、排せつの介助）	30分～1時間未満	402単位	（週7回）
訪問看護	健康チェックや医療的なケアなど	30分～1時間未満	830単位	（週1回）
訪問入浴	看護職員1名＋介護職員2名体制		1250単位	（週1回）
訪問リハビリ	マッサージなど	20分程度	305単位	（週1回）
福祉用具レンタル	電動ケアベッド3点セット（月額1050単位）および付属品など			

したがって費用という面のみでいえば、家族が介護に積極的に関われる環境であるか否かは、費用削減策へ大きな影響を与えることになるのです。

●公的介護費用の自己負担額

実質的な介護費用の合計額は左下図の「A＋B＋C」となります。

【Aゾーン】介護保険内のサービス

介護保険サービスを1割の自己負担で利用できます。介護状態になった場合の費用として覚悟しておく許容範囲です。

【Bゾーン】上乗せサービス

介護保険サービスは利用できますが、利用限度額ラインを超えているため、費用は全額負担になります。

【Cゾーン】介護保険外のサービス

介護保険サービスの対象外のサービスや費用（日常生活費、配食サービス、おむつ代、家事代行サービス、住宅修繕費等）です。

お金の視点から見ると、問題はBゾーンであることが明らかです。

AとBの間には利用限度額ラインがありますが、このラインを突破すると介護費用は急上昇します。１割負担が突然10割負担になるわけですから、もはやぼったくりバー級で、非常に重いコストを背負うことになるのです。

換言すると、**介護費用リスクの最大のポイントは、利用限度額を死守できるか否かであると**いうことです。

しかしここで注意しなければならないのは、１円でも安くしようと費用面のみにこだわって、利用者の介護環境が著しく劣ったり家族の負担が重くなるようでは意味がない点です。

介護には、経済的側面のみで費用削減に走ってしまうと別の側

介護費用のイメージ

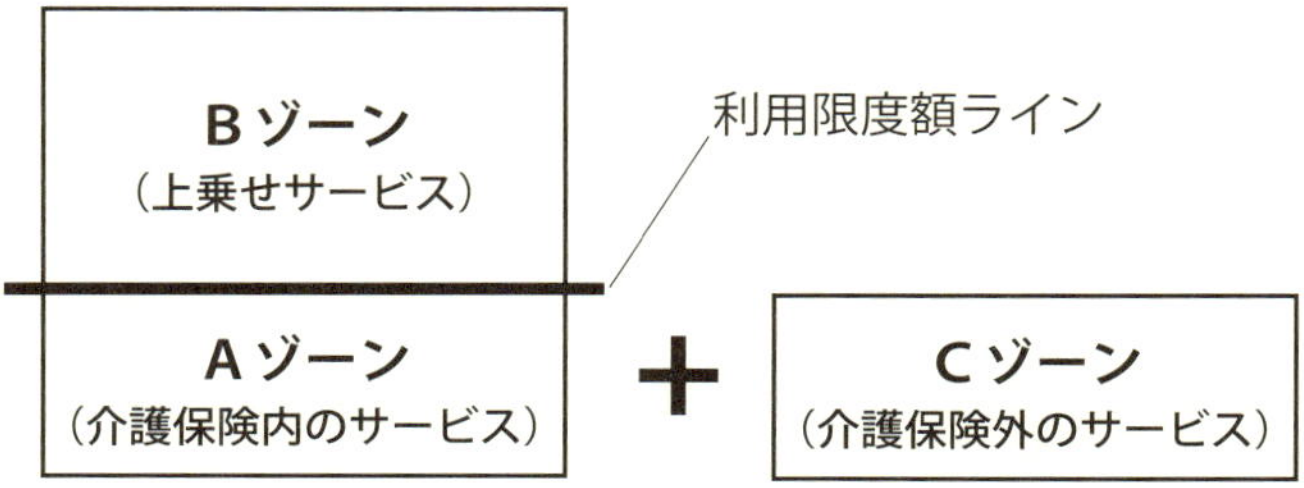

面から思わぬしわ寄せが来るという難しさがあるのです。

一般的には家庭環境、経済状況、介護者状態などを勘案して総合的な判断を下していくことになるのですが、これらは個別の経験則で自己判断していくことは難しく、どうしてもプロの手を借りることが必須となります。

そこで介護保険制度のキーパーソン、**「ケアマネジャー」**が登場します。

介護保険制度ではケアマネジャーが個々の相談に応じながらケアプラン（介護サービス計画）を作成し、介護サービスの管理を行う仕組みになっているのです。

●ケアマネジャーは介護サービスの司令塔

ケアマネジャーは正式名称を「介護支援専門員」といい、通称「ケアマネ」と呼ばれています。

ケアマネは**介護サービスと利用者を結ぶ仲介役**として、介護保険の相談やケアプランの作成、サービスの手配等を一手に引き受けてくれる介護保険の専門家です。

ケアマネは、受験資格に「現場での実務経験が5年以上あること」といった条件がつくなど、なかなかハードルの高い資格で、5年ごとの更新時には研修義務もあります。ただし実務から離れているペーパードライバーのような人もいるため、力量は各人さまざまです。

ケアマネを探すための第一歩は、市町村の介護保険窓口や各地区に必ずある**地域包括支援センター**へ行くことです。ケアマネは大抵サービス提供事業所や介護施設に所属しているので、そこでケアマネのリスト（居宅介護支援事業者のリスト）が手に入ります。

良いケアマネを探すには、窓口で紹介してもらったり、すでに利用した人からの口コミなどで評判を聞ければ判断の足がかりとなるでしょう。また主治医や看護師から見た評価も確認できたらなおいいでしょう。

利用者には、たとえケアマネと契約しても相性が合わなければ何度でも変更できる権利があります。

では何をもって適切なケアマネといえるでしょうか。

これを判断することは簡単ではありません。

「ともかく利用限度額の範囲で1円でも安くしてほしい」といった利用者の要望は尊重されるべきですが、時には利用者の要望を退けてでも、専門的立場から見た効果的なプランを毅然と打ち出してくれる見識あるケアマネが望まれます。

ケアマネとしてより重要なことは、**アカウンタビリティ**（説明義務）です。利用者に対しての説明を単なる事実の説明に終わらせるのではなく、利用者の理解を促し、不安を拭い去るところにまで及ばせるという考え方です。

一般的に良いといわれるケアマネの条件は次の通りです。

- 話をよく聞き、利用者や家族の立場で最適なプランを考えてくれる
- 専門的知識が豊富で適切なアドバイスをしてくれる
- 介護サービスの情報を多く持っている
- 対応が早く、フットワークが軽い
- 優しい言葉で、丁寧に説明してくれる
- 自分の所属する事業所のサービスばかり強要しない

ケアマネ選びは主治医を選ぶのに似ています。

長いお付き合いになる可能性が高いため、スキルの高いケアマネを選ぶことはもちろんですが、最終的な判断基準は、**介護者本人や家族との相性**が良いかどうかというところだと思います。

最終的には家族のよき理解者になってもらい、お互いに何でも相談し合える人間関係を築き上げておきたいものです。

●ケアプラン作りは共同作業

ケアマネが決まったら、次に**ケアプラン**の作成に入ります。

ケアプランは「介護サービス計画」とも呼ばれ、どんなサービスをどのくらい利用するかの方向性を決める大切な計画です。

要介護となった場合は基本的にケアマネに依頼し、要支援の場合は地域包括支援センターが窓口となります。

ケアプラン作成にあたり、ケアマネは利用者や家族の要望を聞き取り、専門的見識からどんなサービスをいつどのくらい利用するか、またどこの事業者がいいかなどを提案します。

ケアプラン自体は自分で作っても構いませんが、少なくともケアマネは一般の方より多くの事例を見てきており、担当の医師や理学療法士、作業療法士などの意見をもとにしながらプランを作成していくため、おそらく一般の方が作るより優れたプランとなるでしょう。

とはいえ、それが利用者や家族にとって必ずしも適正であるとは限りません。

プランの最終決定権は利用者や家族にあります。その利用者や家族が「ケアマネにお任せします」という姿勢をとることがあります。これは第三者に財布ごと手渡して、〝どうぞご自由に好きなものを買ってきて〟と言っていることと同じであり、無謀です。ケアマネ性善説に立てばそれでもいいでしょうが、何の指示も要望もなければケアマネは自分が所属する事業所が儲かるプランを立てる傾向にあります。

したがってやはり、介護保険制度の基礎的な知識は掴んでおく必要があり、なおかつ要望をはっきりと伝えることがきわめて重要となります。

要望とは例えば、希望予算、サービスに入ってほしい時間帯、曜日、通所サービスの頻度などです。決して〝とにかく安くしてくれ、後は任せた〟といった**丸投げをしてはいけません**。安さのみにこだわることは必ずしも適正プランには繋がりません。

介護はいつまで続くか予測ができないため、多くの家庭は介護費用への不安を抱えています。その結果としてどうしても介護サービスを控えてしまうといった傾向があり、結局介護者が亡くなるまで資金出動のタイミングが見極められず、劣悪な介護水準に耐えながら多くの資金を残してしまうケースがよくあるのです。これではせっかくの資金が効果的に使われません。

ケアプランの作成とは、本人の意向を尊重しつつも限られた資金と家族の介護負担の双方の均衡を巧みに図りながら行う、とりわけ難しい作業なのです。

●地域格差に要注意

介護保険制度は改正を重ねるごとに**地域密着型**へ徐々にシフトしています。

このことは、地域の積極的な取り組み次第でサービスに大きな差が出ることを意味しています。

じつは制度施行当初から若干の地域差は折り込まれていました。利用限度額やサービス内容は原則的に全国どこでも共通ですが、自己負担額を計算する時の換算レートには違いがあります。

一例でいうと、「訪問介護の身体介護（20分以上30分未満）254単位」と表示されている場合、一般的には1単位＝10円で計算します。つまりこのケースだと利用料は254×10＝2540円で、自己負担はその1割の254円となります。

ですがここで、**地域区分**というものが関わってきます。

全国で1～6級地、その他、と区分けされています。

1級地に指定されている東京23区では1単位＝11・26円で計算するため、利用料は254×11・26＝2860円となり、自己負担は1割の286円となります。

サービス内容も各市町村で温度差があります。市町村によっては所得により1割の自己負担を5%や3%に減額していたり、独自の介護サービスが充実しているところもあり、そうでないところもあります。

今後は**介護サービスが魅力的な自治体と色あせて見える自治体とがより鮮明になっていく**ことが予測されます。

介護行政に力を入れる首長がいて住民の声が反映されやすい市町村なのか、あるいはそもそも財政事情の逼迫により物理的にサービスの低下が避けられない地域なのか……いずれにしても、自分の暮らしている市町村の方針・政策は、住民としてしっかりと監視していく必要があります。

3 介護施設の状況

●「特養待機者数52万人」という現状

ここでは介護施設の状況を見てみます。

介護施設を検討する時には、費用の問題以外にもさまざまな問題に直面します。中でも施設への待機者数の問題は深刻です。はじめに次の記事を見てください。

厚生労働省は25日、特別養護老人ホーム（特養）に入所できていない高齢者が、2013年度は52万2000人に上るとの調査結果を発表した。前回調査の09年度から4年間で約10万人、24％増えた。厚労省は症状の重い人に限って特養で受け入れる法改正を目指しているが、在宅介護などの受け皿整備も急がれる。

（日本経済新聞ウェブ版・2014年3月25日）

この記事を見て、将来への不安を感じる方も多いと思います。

特養とは**特別養護老人ホーム**（介護老人福祉施設）の略称で、社会福祉法人や地方自治体が運営する公的な施設です。

要介護1～5と認定された方が対象で、自己負担額は要介護度や所得などで変わりますが、月額約5～15万円といったところです。

政府は介護への公的支出を抑制・削減するために、特養建設への国庫補助の廃止や施設費の国の負担を削減するなど、特養増設を事実上妨げる政策を続けてきたため、整備はなかなか進んでいません。

そのうえ、２０１５年の介護保険制度改正により、**特養への入所対象は原則として要介護3以上**となります。必要性の高い人へ対象を絞り込む対策は現状ではやむを得ないことですが、要介護1～2はもはや面倒をみきれないと国が認めたということでもあります。

一方で特養は待機者数が多く、入所するのに何年も待たされます。

となれば「今は状態が軽いが、念のため早めに申し込みをしておこう」「介護費用の節約のため、とりあえず申し込んでおこう」と、あまり切迫していない人までが申し込みをしてくることが予想されます。その結果**「待機者52万人」**ということになり、このアナウンスがさらなる不安のもとになって待機者数を増加させてしまうという悪循環の構図にあります。

ようやく順番が回ってきたにもかかわらず、すでに他の施設に入居していたり、在宅での介護の環境が整ったためキャンセルする方も多いようです。入所条件や順番をめぐる問題など、課題はまだまだ多いのです。

●介護施設の基礎知識

介護をする家族の負担が重かったり、一人暮らしで身寄りのない高齢者にとって、介護施設は安全性が保証された**最後のセーフティネット**です。

ただしそれは費用という要素を除いた場合です。

やはり施設と費用の関係は、介護を語る上で外すことのできない重要なテーマのひとつなのです。

一般の人から見れば、現在介護施設は種類が多すぎてわかりにくくなっています。

最近では介護サービスが受けられる**サービス付き高齢者向け住宅**（サ高住）といった、住宅と施設の折衷的な概念の集合住宅も登場して、在宅か施設かといった二者択一では決めかねる状況になっています。

また有料老人ホームもかつては富裕層向けといったイメージがありましたが、助成金や企業努力によって利用しやすい価格設定になりつつあります。

施設には、介護保険の施設サービスの対象になる**「介護保険3施設」**と呼ばれるものがあります。前項で説明した特養もそのひとつです。

費用の内訳は、施設利用料・日常の生活費・食費・居住費の4つです。施設利用料には身体介護・生活援助・栄養管理・おむつ代などの介護サービス費が含まれるだけで、別途日常の生活費・食費・居住費が自己負担となります。

費用の総額は要介護度や部屋の種類などで異なり、食費と居住費は所得に応じて段階が分かれているため一概には言えませんが、総額でザックリ月額10万円前後といったところです。

特養のユニット型個室に要介護4の方が入居した例

年金収入が月64,000円、預貯金500万円のケース

施設利用料	（要介護4）872単位×30日	26,160円
日常の生活費	理美容代、送迎費、医療費など	25,000円
食費	第2段階（年金収入80万円以下の人など） 390円×30日	11,700円
居住費	第2段階　820円×30日	24,600円
	総額（月額）	**87,460円**

※年金以外の収入がなければ、月間の収支は23,460円の赤字となります。他に現金化できる資産が無ければ預貯金で補てんしていくことになります。

施設の種類

名称	入居一時金	総月額費用	主な入居対象	特徴
シルバーハウジング（高齢者向け賃貸住宅）	不要	1万〜※13万円	自立	公営の高齢者向けの賃貸住宅で、生活の自由度が高い。
ケアハウス（軽費老人ホーム）	0〜数百万円	7万〜※15万円	自立 要支援	自立生活に不安がある人向けに生活支援サービスが受けられる。
特別養護老人ホーム（介護老人福祉施設）〈介護保険3施設〉	不要	5万〜15万円	要介護	実質要介護4、5の待機者が多く、入居まで時間がかかる。
介護老人保健施設（老健）〈介護保険3施設〉	不要	6万〜16万円	要介護	入院治療する必要はないが自宅での療養が困難な方。
介護療養型医療施設〈介護保険3施設〉	不要	7万〜17万円	要介護	急性期の治療が終わり医療的な長期療養が必要な方。
サービス付き高齢者向け住宅（サ高住）	0〜敷金を取る場合もあり	5万〜※25万円	自立 要支援 要介護	安否確認や生活相談の提供はあるが、介護サービスは外部となる。
グループホーム（認知症対応型）	0〜数百万円	15万〜20万円	認知症 要介護	認知症の高齢者を対象とし家庭的な共同生活を送る。
介護付き有料老人ホーム	数百万〜数千万円	15万〜30万円	要支援 要介護 認知症	居室はワンルーム・トイレ付きが多く、職員が24時間常駐し、定額で介護サービスを行う。
住宅型有料老人ホーム	数百万〜数千万円	15万〜※30万円	自立 要支援 要介護	食事や見守り等は付くが介護サービスは外部となる。一時金のないタイプもある。

※シルバーハウジング、ケアハウス、サ高住、住宅型有料老人ホームは、外部の介護サービスを利用するため、その分別途費用がかかります。

一方、民間の有料老人ホーム事情はどうでしょうか。

一般的に有料老人ホームは金額が高いことは確かです。入居一時金が数百万～数千万などというケースもあります（最近は批判を受けて一時金を廃止するところも出てきました）。もちろんこれ以外に毎月数十万円の費用がかかります。

また有料老人ホームも**「介護付」**とそうでない**「住宅型」**とに分けられます。

いずれにしても大きな出費であり、一生を通してのマネープランへ大きな影響を及ぼします。利用料金には何が含まれているのかを確認し、現地の見学・体験はもちろんのこと、見学だけでは見えにくい経営者の方針や職員の対応・設備・食事などを綿密にチェックすることが不可欠です。

もちろんここでもケアマネの存在は重要となってきますが、すべてケアマネに丸投げするのではなく、各自で判断するための情報や知識を備えておく必要があります。

このように、公的介護保険は在宅であっても施設であっても、お金とのかかわりを含めて内容をよく理解して、そのうえで上手に使いこなしていくことが求められます。

そして、その大切なお金をどうやって準備していくかについては3章で触れていきます。

4　公的介護保険制度の未来予測

●巨大タンカーは急に方向を変えられない

介護保険制度がスタートしてすでに約15年が経過しています。この間に制度の矛盾や課題が明らかになっていますが、結論から言えば、だからといって今更大きく変えることはできません。

もちろん必要とあれば今後も改正・修正が行われるでしょうが、**制度のコアの部分が変わることはありません。**

なぜ制度が変わらないかといえば、年金制度のこれまでの経過をたどるとわかりやすいかと思います。

現在の年金制度が世代間の不公平感などのために大きな批判を浴びていることは周知の通りです。

老朽化した**「おんぼろ船」**ともいえる年金制度を新しく作り変えようとするアイデアが、これまで多くの専門家、評論家、政治家などからいくつも提案されてきました。しかしいずれも机上の空論であり、現実には政治的にも行政的にも方向を変えられませんでした。

理由は明白です。**制度の規模が巨大すぎるから**です。

年金制度は、約6500万人の現役世代から約3200万人のリタイア世代までが利用していて、年間50兆円ものお金が出入りする現在進行形のシステムです。いまさらコアの部分を変更することはできないのです。

現在、厚生年金の支給開始年齢を60歳から65歳へ引き上げるための経過措置がとられていますが、世代間の不公平感を避けるために、20年かけて段階的に引き上げています。つまり、たった5年の変更のために20年かけているわけです。

このような経過措置をとることでより一層年金制度が複雑化していくのですが、民主国家では、たとえ複雑化して事務的作業が煩雑になっても公平性を優先させるのです。

したがって、どんなに問題のあるおんぼろ船であっても、**出航した以上は懸命に継ぎはぎしながら進むしか選択肢はない**のです。

現存する年金制度、そして介護保険制度も、修正されつつも制度としては生き残ると考えて、将来の介護を検討することが賢明であることを改めて確認しておきたいものです。

くれぐれも「年金制度は破綻する」という報道に振り回されて、〝制度は破綻しなかったが自分の老後が破綻した〟とならないようにしましょう。

●制度改正をチェックする時の5つの切り口

介護保険制度の変更は大前提としても、その変更にも大小があります。はたしてその変更の幅が私たちや親の老後の介護プランに影響を及ぼすか否か、しっかりと監視していかねばなりません。

また政府や行政サイドは、仕組みの複雑さを良いことに、影響が少なく見えるような巧みな変更をしかけてきます。しかしどんなに美しいスローガンであっても、**変更の本当のねらいは介護財政の抑制**です。

そこで、介護保険制度の改正議論の中で、家計に直接影響を与える5つのポイントを挙げます。議論がこの5つのポイントに触れてきたら、厳しく経過を追っていく必要があります。

【ポイント1】保険料の負担増

保険料は改正のたびに上昇することがもはや既成路線となっています。制度開始当初、65歳以上の介護保険料は月額２９１１円（全国平均）でしたが、たび重なる改正で現在４９７２円（全国平均）となっています。２０１５年以降はさらに上昇するでしょう。

【ポイント２】保険料を払う人（被保険者）の範囲を広げる

現在、被保険者は40歳以上となっています。今後この年齢が35歳、30歳と変更になることは十分に考えられます。年金制度が20歳からであることを鑑みれば、介護保険制度も最大で20歳まで範囲を広げる余地があると考えられます。

【ポイント３】利用者の自己負担が１割から２割になる

これについてはすでにこの方向で改正が進んでおり、２０１５年8月からは所得によって自己負担額が1割から2割になる予定です。また軽度の要介護者の自己負担額を、所得に関係なく1割から2割とするという案が検討段階に入っています。

【ポイント４】給付メニューの削減

これまでの改正でも、「介護保険3施設」における居住費や食費が自己負担になるなど、サービスは低下傾向にあります。

【ポイント5】増税による介護保険制度への補てん

これは介護保険制度というより社会保険制度全般に関わることですが、不足する財源を増税という手段で補てんするといった、お決まりの議論です。

増税といえば消費税がよく取り沙汰されますが、所得税や住民税にも注意を払う必要があります。最近の議論では配偶者控除の廃止案が注目されています。消費税のような過熱報道には至っていませんが、これは大きな所得税増税となる話なので注意が必要です。

介護費用の国民負担を求める議論は、今後多方面からの切り口で展開されていくと思われます。ただし**どれほど修正が行われても制度は継承される**という前提で、私たちは決して失望したり甘く見たりすることなく、制度と付き合っていかねばなりません。

●「地域包括ケアシステム」は成功するか

2025年、介護保険の総費用は25兆円規模に達するといわれています。そこで介護保険費用を抑えるために政府が推進するのが**「地域包括ケアシステム」**です。

これは住み慣れた地域で医療、介護、生活支援サービスなどが切れ目なく一貫して提供されるシステムで、施設から在宅へと介護の軸足を移すことが目的です。

システム実現に向けて、２０１２年の改正で次のようなサービスが創設されました。

・複合型サービス

これは従来の通所介護（デイサービス）を中心に利用しながら必要に応じて**ショートステイ**（お泊り）や**訪問介護**（食事、排せつ、家事援助など）、**訪問看護**（看護師が訪問し医療面の管理をする）をセットメニューにしたサービスです。

自己負担額は要介護度により月額１万３２５５～３万１９３４円の定額です。契約する事業者がひとつで済むので、顔なじみのスタッフや利用者との交流が図りやすいといったメリットがあります。

・24時間対応の定期巡回、随時対応型訪問介護看護

介護スタッフや看護師が夜間も含めて１日に３～６回程度自宅を訪問し、また緊急時にも駆けつけてくれるサービスです。

自己負担額は要介護度により月額６６７０～３万４５０円の定額です。訪問回数にかかわらず定額制なので、個別で訪問介護と訪問看護を組み合わせるよりも安くなるケースが多くなります。

課題は、これらのサービスは市町村の地域密着型サービスに分類されるため、**提供体制の整備が市町村によってまちまち**であることです。

また、**対応できる事業者が少ない**というのも現実です。

各家庭を訪問するには、移動時間がかかります。また介護スタッフが交代する時には申し送り（引継ぎ）作業が必要になりますが、これらの時間に給与を払うような大盤振る舞いのできる事業者など皆無です。したがって事業者サイドはこれらのサービスになかなか積極的になれず、人材も集まりにくいのです。

この部分を国の財源で補てんしていく方法もあるのですが、それでは本来の目的である介護財政の抑制に逆行することになります。

介護施設であれば、介護者が一ヵ所に集まっており介護職員も24時間無駄なくケアができるため、小刻みでサービスを行う訪問介護よりはるかに効率よく安全で介護者の家族の負担も軽減できるのですが、それでも政府は「介護を受けながら自宅で暮らすことを望む」と答える高齢者が7割という厚労省の調査結果を根拠に、「地域のきずな」といった呪文をかけて在宅介護へ舵を切ろうとしています。

私は現状の「施設から在宅へ」という国の方針を真っ向から否定しているわけではありません。可能な限り自宅での暮らしを目指すことに異論はありません。

しかし現状では地域によって介護体制がまちまちで、整っているとは言えません。

地域包括ケアシステムには、自宅訪問する医師や訪問看護師といった人材がどうしても必要です。介護スタッフも不足している現状では、満足度の高いサービスを提供できる業者も多くありません。時期尚早、あるいは制度自体に無理があると言わざるをえません。


公的介護保険制度は施行されて15年足らずの比較的新しい制度です。ここまで見てきたような多くの不備を抱えつつも、**手探りで推移しているのが実情**です。

様々な分野から多くの知恵を必要としている段階であり、今後は今以上に介護関係者という括りをはずして、より有効と思われる提案は皆で共有し、健全な議論が活発に行われる必要があると考えます。

介護のQ&A②　満足できるデイサービスはあるか？

Q【質問者：Bさん（43歳）】

私の父は現在75歳です。約1年前に自宅にて脳梗塞で倒れました。体の一部にマヒが残り、要介護1と認定されています。日常生活の一部、中でも特に入浴は介助が必要なため、入浴目的でデイサービスを利用しています。

ところが父はことあるごとに〝デイサービスはつまらない、退屈だ〟とぼやいています。どうやらデイサービスの利用者は女性の比率が多く、男性も居るには居るのですが認知症の方ばかりで共通の話題もなく孤立してしまっているようです。

父がもっと満足できるデイサービスはないのでしょうか。

A【著者の回答】

そもそも要介護度が低く比較的しっかりした高齢者にとって、デイサービスはつまらなく、退屈する場所となりがちです。

私の知人の父親は、近所のデイサービスで皆で歌をうたったり、ゲームをすることに辟易として途中で勝手に帰ってきてしまい、施設内で捜索騒ぎになったこともあります。

これはどこのデイサービスでも普遍的な傾向ですが、女性同士は比較的スムーズに打ち解けあい会話が弾みます。またイベントやゲームなどにも積極的に参加しています。

一方男性は利用者同士の会話も乏しく、１人で新聞を読んでいたりソファーで居眠りしている光景を私もよく目にします。

特にかつてそれなりの社会的地位で働いていた男性高齢者などからみれば、デイサービスはむしろストレスの溜まりやすい空間なのかもしれません。

今回の質問者Ｂさんのケースのポイントのひとつは、デイサービスを入浴代わりに利用している点です。

そこで私はデイサービスへ行くことをやめて、自宅の浴室をリフォームすることをお勧めします。

リフォームといってもBさんのケースであれば、手すりの取り付け、段差の解消、すべらない床材に変更するといった、少し手を加える程度の改修で対応できます。

費用については、介護保険の「高齢者住宅改修費用助成制度」を利用します。この制度は住宅の改修にあたり条件を満たしていれば、20万円までは費用の1割（実費2万円）を負担することで改修できるというものです。

この制度をメインにして、不足分は介護ローンなどを使ってもいいでしょう。浴室を改修することでデイサービス、訪問介護（入浴介助）などの費用を削減することにつながります。

介護度の軽い方に、〝利用限度額分は使わなければもったいない〟といった感覚で本来不要なサービスをなんとなく利用している方が結構います。さながらバーゲンで必要ない商品まで大量に買い込んでしまう行動と同じです。

当たり前ですが要介護認定を受けていても介護保険サービスを一切使わなくてもいいのです。

リフォームによる支出は、第1章でも触れたワンショットのリスクです。つまりいつまで続くのかわからないフローのリスク（デイサービスの費用）を、一回で終わるワンショットのリスク（リフォーム費用）へシフトさせることで、中長期的な介護費用削減策となるのです。

当然、リフォームの詳細については介護状態や家庭環境などさまざまな要素を勘案しながらの総合的な判断が必要ですが、介護用リフォームは結果的に費用削減になるだけでなく、介護をする側にとっても負担やストレスを大幅に軽減できるという効果もあるため、十分検討に値します。

3章

介護費用を作る方法

1 老後プランの基本は公的年金

●公的年金で基本を作る

介護費用対策の基本となるのは、やはり公的年金です。

年金制度が多くの問題を抱えていることは周知の事実ですが、その中身を見てみると、いかに優れているかがわかります。介護費用を考えるにあたり、公的年金の大枠を押さえておきましょう。

一般的に「年金」というと、リタイア世代が受け取る老齢年金を指します。いわゆる**「長生きリスク」**に備えた**終身年金**です。

しかし年金がカバーしているのは長生きリスクだけではありません。じつは年金は、死亡リスクをカバーする生命保険としての役割も果たしてくれます。この機能を**遺族年金**といいます。また大きなケガを負った時には、**障害年金**が支給されます。これは民間でいうところの傷害保険のようなものです。

終身年金保険、生命保険、傷害保険、これら3つの保険を民間の保険会社でカバーしようと思えば相当高額な掛金を覚悟しなければなりません。国の年金制度は、私たちが毎月支払っている年金保険料のみならず莫大な税金が投入されているため、このような制度設計が可能なのです。

信用できないからといって未納状態にしてしまうといった選択はきわめて軽率なのです。

●公的年金の最大のメリットは終身型であること

老後のマネープランを作成する上で、最大の課題は**「長生きリスク」**です。

私たちの多くは一定の年齢になると定年を迎えたり、仕事をリタイアしたりして収入の道が閉ざされます。その後は無収入になりますから、予想以上に長生きした場合、お金が尽きてしまう心配が出てきます。経済面から見れば、長生きは間違いなく障害となります。

この問題を解決してくれるのが公的年金制度です。

年金制度の最大のメリットは、終身であるということです。1章でも書きましたが、終身とは一言でいえば、何年生きていても死ぬまで無期限に支払われるということで、掛金と給付額との対比といった損得の話とはまったく異なります。

〝いつまで生きるかわからない、いくらかかるかもわからない〟——この不安要素を取り払ってくれるもの、それが終身型の年金制度なのです。

●民間の介護保険で補強する

とはいえ、1章の最後で行ったシミュレーションを見てもわかる通り、年金だけでは介護費用をまかなうことはできません。

そこで民間保険の出番となるわけですが、そうなると保険料という新たな出費が発生するため、積極的には加入を考えにくいものです。

しかし、仮に出費を一切増やすことなく民間の介護保険に加入できるとしたらどうでしょうか。じつは保険の加入のしかたを見直すだけで、誰でも簡単に介護資金を準備できるのです。

日本人は、生命保険や医療保険に過剰なほど加入しています。その結果、必然的に介護保険に回す資金的余裕はなくなります。つまり、商品選択にあたって介護保険は常に優先順位が低いのです。

理由のひとつは、介護費用リスクの測定の難しさです。

介護費用は要介護者の身体状況によってまちまちである上、介護期間は寿命との兼ね合いもあり、予測ができません。つまり**介護費用はブレ幅が大きく、モデルケースを作りにくい**といった特徴があるのです。

さらにもうひとつの理由は、突発性です。

生命保険、医療保険、自動車保険、火災保険などは、明日必要になるかもしれないといった緊急性があります。一方、**介護費用は〝まだ先のリスク〟という認識があるため、先送りされやすい**のです。

本来であれば公的介護保険に期待したいところですが、現在の日本の人口で60～70歳が占める比率は約15%、1912万人。今後この集団が〝老後〟へなだれ込んでくるのですから、財政的な不安があることは前述した通りです。

決して危機を煽っているのではなく、どう公平に見ても、他の問題と比べて介護の問題を軽く考えすぎだということです。

介護保険についても、他の保険と同じテーブルに載せて見直してみることが必要なのです。

●公的介護保険制度と民間の介護保険制度の位置付け

公的介護保険と民間の介護保険は名前がよく似ているので混乱しがちですが、ここではっきり区別しておきましょう。

公的介護保険と民間の介護保険の最大の違いは、国が提供しているか民間企業が提供しているかに尽きますが、内容においてもさまざまな違いが挙げられます。

中でももっとも注目すべきは、**公的介護保険はサービスの給付**であり、**民間の介護保険は現金の給付**であるという点です。

また前述した通り、公的介護保険のサービスを利用する際も1割の自己負担は必要になります。どちらにしろ現金は必要になるのです。したがって、公的介護保険に全面的に委ねたマネープランは大きな見込み違いとなりがちです。

民間の介護保険は公的介護保険制度を補完するといった位置付けが一般的ですが、私は、補完ではなくむしろ**車の両輪**と位置付けた方がより正確であると思います。

どちらが主か従かというのではなく、それぞれ重要な役割を担っているのです。

2 保険のことを考える前にムダの削減をする

●固定費の見直しで新たな出費を避ける

年金以外の手段で老後の介護費用に備えるための対策は、不測の事態に備えて貯蓄をしながら、**民間の介護保険**に加入するという2点です。

しかしこれらの対策には大きな問題があります。お金を積み立てることに加えて月々の保険料を支払うことは、新たな出費を生み出すことになるからです。

老後に備えるとはいえ新たな出費は避けたいものです。そこでこの問題をクリアさせる処方箋を考えなくてはいけないのですが、方法は2つしかありません。

・収入を増やすこと
・支出を減らすこと

収入を増やす方法についてすでに確実な見立てがある方は、おめでとうございます。課題はクリアできるでしょう。

とはいうものの、ほとんどの方にとって収入を増やすということは、努力目標ではありますが、確実に達成できるものではありません。今日の社会状況下においては、むしろ収入が減少、あるいは不安定な状態になることも予想されます。

一方、**支出を減らすことには確実な効果が期待できます**。多くの方にとってはこちらの方が現実的でしょう。

もっとも、支出の削減には常に継続性が求められます。ケチケチした節約だけではストレスがかかり、気分や状況に左右されるため、長期にわたる効果が望めません。また、単なる節約や倹約精神は、すでに一般の方々の中に結構根付いています。

ここでは老後の備えを貯蓄と保険で補おうと試みているわけですから、少々のレベルの節約では効果が小さいのです。

ここで求められていることは、**大胆な支出の削減**です。

そのためのキーワードが**家計の固定費**です。

固定費とは毎月決まった額を支出しているものを指しますが、代表的なものとしては、家賃や住宅ローンといった住居費や保険料があります。

固定費の削減の有効性は、一度メスを入れて新たにセッティングしてしまえば、気分や忍耐力に関係なく継続できる点にあります。これはカーナビの目的地セットのようなもので、事前にどう設定するかがすべてを決するわけです。

●住宅ローンは大きな借金

固定費の中で大きなウエイトを占めているものはやはり住宅費です。中でも住宅ローンにおいてはさまざまな策を講ずることが可能です。

住宅ローンと言われてもさほどネガティブには聞こえませんが、一言でいえば借金であることに違いありません。しかも大きな借金です。

さまざまな考え方があるとは思いますが、住宅ローンに関しては、**繰り上げ返済**を念頭に置くべきです。

借入金額、金利、返済期間、住宅ローン控除などの細かい問題もあるでしょうが、私がここで強調したいのは、繰り上げ返済におけるボリューム感です。

仮に借入額3000万円の35年ローンとすると、5年後に3～4年程度ローンの返済期間を短縮できれば、利息軽減効果として約200万～300万円といった額の軽減が可能になるのです。

キーワードは**大胆な削減**です。

そのための指針は、まず可能な限り繰り上げ返済を優先させることなのです。

もっとも、無理な返済によって子供の教育資金が枯渇するなどということがない範囲での返済であることは、いうまでもありません。

●保険は「見直す」のではなく劇的に考え直せ

住居費をどう削減するかという課題は、比較的わかりやすい話だと思います。ところが、もうひとつの大きな固定費である保険料に関しては一筋縄ではいきません。保険業界やマスコミ等により多くのバイアスがかかっているため、これらをひとつひとつときほぐす必要があります。

本書でもこの後、保険というシステムを考察し、私なりの結論を導き出していきますが、その前に確認しておきたいことが2点あります。

あなたはご自分が加入している保険の内容をご存知ですか？

その保険を契約（購入）するにあたり、総額でいくら支払うことになりますか？


即答できる方は少ないと思います。

私たちは家を買う時、自動車を買う時、販売価格がわからないままでローンを組むでしょうか。

おそらくそんなことはないと思います。生涯にわたり何千万円も支払う商品の本当の値段を知らないというのはやはり問題だと思います。

現在、日本の一世帯あたりの年間払い込み保険料は平均で42万円といわれています。仮に30年払い続ければ１２６０万円、40年なら１６８０万円です。

この大金の何割かを老後の介護費用にシフトすることができれば、**介護費用問題は新たな出費という痛みを伴うことなく、相当緩和されます**。

最近はよく**「保険の見直し」**という言葉を耳にしますが、この言葉をよく使っているのは保険会社や保険相談窓口のファイナンシャルプランナーなどです。
その内容はといえば、万が一世帯主が亡くなった場合の生活費、住居費、教育費、あるいは遺族年金などの収入見込みの概算数値をＰＣソフトに入力し、「あなたの将来に必要なお金はいくらです」と答えを出すといった作業で、ひとつのパターンとして定着しています。

この方法でも多少の保険料の削減はできるかもしれませんが、大胆かつ劇的な削減には至りません。ＰＣソフトでは対処できない、**「保険そのものの本質的な考え方を改める」**といった作業に踏み込む必要があるのです。

そうして外堀を固めた後、改めて保険を考え直す作業に入ります。保険を大胆に見直すといっても、何でもかんでも解約だ、減額だ、といってバッサバッサ切ることを勧めているのではありません。すべての見直し作業には合理的な根拠が必要なのです。

固定費をはじめ、あらゆるムダを一旦徹底的に削減して、その後新たな対策に打って出る。これはきわめて重要なプロセスなのです。

3 保険をゼロから考え直す

●保険の本質を見極める

ここからは保険の本質に迫っていきます。前項で書いたように、保険を劇的に考え直すための原点ともいえる非常に重要な部分なので、丁寧に見ていきましょう。

・保険は不測の事態が発生した時、貯蓄でのリカバリーが不可能なものを補うもの

保険は不測の事態が発生した時に備えて加入するものですが、では「不測の事態」にはどこまでの事態を折り込むべきでしょうか。

少なくとも、確率は低いが十分起こりうる、**現実味のあるケース**である必要があります。

2013年、ロシアで隕石落下のニュースもありましたが、仮に「隕石落下被害補償保険」という商品があった場合、あなたは加入しますか?

このようなケースは不測の事態であることは確かですが、現実味はありません。一方、なぜ私たちが自動車保険や火災保険に入るのかといえば、私たちの周囲で事故や火災を目にする機会が頻繁にあるからです。

現実的に自分の身に起こる可能性がどのくらいか、その**確率を考える必要がある**ということが言えます。

次に、貯蓄でのリカバリーが不可能なものとは、例えば自動車事故、火災による家屋の焼失、幼いお子さんがいる家庭での世帯主の死亡などです。いずれもそのために貯蓄をしておくといった性格のものではありません。

以上をもとに考えると、保険の加入に際しては、次の2つのバランス上で妥協点を探ることになります。

・確率的に現実味のあるリスクか
・損失の規模が貯蓄でリカバリーできる範囲か

・保険は相互扶助、困った人をお互いに救済するための制度

社会的な視点で見た時、保険とは皆でお金を出し合って不測の事態に陥ってしまった人を助けるための制度であり、毎月支払う保険料は保険契約者の共有財産であって、個人の財産ではありません。このことが意味するのは、本来保険とは不測の事態が起こらなければ払った保険料はパーになる、いわゆる「掛け捨て」である、ということです。

ところが今や保険は資産運用の手段のひとつとして捉えられ、費用対効果といったもっともらしい尺度で評価されます。その代表的な商品が貯蓄性のある積立型の保険ですが、これは保険の本質からは完全に逸脱しています。

各保険会社の積立型商品は多種多様であり一概に否定はできませんが、重要なポイントは**資産運用としても決して適していない**という一点に尽きます。

もちろん保険料が高いという根本的な課題もありますが、それ以前に、多くの商品は保険料支払期間中の解約返戻金（解約したら戻ってくるお金）が支払保険料の総額を下回るのです。資産運用という視点で見れば積立利率は０％どころかマイナスであり、しかも商品によってはこの期間が30年もあるのです。

そもそも保険に貯蓄機能を期待することが誤っているのです。保険は相互扶助、人助けであるといった原点に戻れば**保険は掛け捨てと考えるべきです**。

●「保険で元を取る」といった思考回路を断ち切れ

雑誌などで、年金や保険について「払った保険料の分がもらえない」「元が取れない」といった基準で優劣をつけている記事を目にする機会が多くありますが、**年金や保険はあくまでも不測の事態への備えであり、投資ではない**のです。

保険には、相互扶助の理念があります。自動車事故や火災を「不測の事態」というように、予想以上の長生きも認知症で介護状態になることも同じく「不測の事態」であり、救済される立場です。一方で、長生きや介護状態を回避した人は救済する側に回り、保険料という形で手助けする立場となるのです。

保険において、元を取るといった思考回路をまず断ち切る。これは今後保険を考え直す上で重要な概念となります。

●「必要保障額」の概念を変える

保険の見直しの相談などで、保険販売員やファイナンシャルプランナーからよく聞かされるキーワードが**「必要保障額」**です。これは死亡保険の保障額を決める際の基準となります。

万一世帯主である夫が死亡した場合、その後の家族の生活費・住居費・お子さんの教育費などの支出総額と、遺族年金・妻の収入・現在の貯蓄などの収入総額との差額が必要保障額となります。この金額はそのまま保険によって穴埋めする金額と解釈されます。

保険会社にとって必要保障額は伝家の宝刀であり、この金額をもとに提案書や設計書が作成されます。当然、保険会社は自社の利益のために、必要保障額を大きめに設定する傾向にあります。

しかし、必要以上のお金を保険会社に払う必要はありません。

必要保障額は保険会社任せにせず、自らの価値観に照らし合わせてあれこれ想像したり予測しながら算出する方が、より現実的な適正値になるはずです。

必要保障額を算出する過程には確認すべきポイントがいくつかあります。

先ほどの場合と同様、夫・妻・子供の3人家族のうち、夫が死亡したケースを考えてみます。

お子さんがいないか、すでに独立している場合は教育費はかかりません。

また、お子さんが奨学金制度を利用している場合は、返還は子供自身がするため、教育費を削減できます。必要保障額をゼロに近づけることができるかもしれません。

住宅ローンがあっても、団体信用生命保険に加入していれば住宅費の心配はなくなり、やはり必要保障額は大幅に低くなります。場合によっては必要保障額はゼロになるかもしれません。そうなれば、死亡保険に入る必要さえなくなります。

※団体信用生命保険……住宅ローンの返済途中に世帯主が死亡または高度障害になった場合、本人に代わって保険会社がローン残高を支払う制度。

なお、賃貸住宅に住んでいる場合は、少々複雑になります。

仮に年間100万円程度の賃貸住宅に住んでいて40歳の妻がいたとすると、保険会社は、単純計算で生涯4000万円以上の住居費が必要になると試算します。しかし実際に夫が死亡した時の妻は、実家に戻る、再婚をする、また将来は子供と同居する、高齢者施設に入る等、変動要素が多いため、必要保障額の算定は保険会社が杓子定規に設定するほど単純ではありません。

ここからさらに、保険料の大胆な削減を目指すため、少々突っ込んだ考え方を提起したいと思います。

必要保障額の算定には、ある共通の大前提があります。

それは、世帯主に万一があった場合も、今の生活レベルを維持させること。

この前提に対して異論はないと思います。しかし次のように考えてみるとどうでしょう。

「私は夫に万一があった場合は、現在の8割程度に生活レベルを下げる覚悟でいます」

「私は生活環境を思い切って転換し、働きに出ます」

このように**腹をくくっておけば単純に必要保障額を削減できる**のです。

保険会社のフォーマットにのっとって算出される必要保障額は必ずしも適切とは言えません。視点の置き方や残された人たちの覚悟の決め方で、いかようにでもなると認識しておく必要があります。

●保険の仕組みをシンプルに解説

必要保障額についての考え方はご理解いただけたと思うので、ここでは保険の基本的な仕組みを説明します。

複雑で細かな箇所はすべて省きますが、ご心配には及びません。逆に言えば、省いても特に問題ないのが本来の保険の姿なのです。

現在日本中で販売されている保険は、大きく分けると2つしかありません。

次ページの図を見てください。

仮に死亡保障を３０００万円とします。

30~60歳の期間中に死亡した場合、３０００万円支払われますが、保険料の払い込みも保障も60歳で終わります。このパターンを**定期保険**といいます。

同じく死亡保障３０００万円、30~60歳の間保険料を払い込みますが、60歳以降も死亡するまで保障が続くパターン**を終身保険**といいます。こちらの方は、解約の際は解約返戻金を受け取ることができます。


定期保険は、掛け捨てで保険料が安い。

終身保険は、解約返戻金があり保険料が高い。


これだけです。

これ以外の詳細は知らなくても本書の主旨は十分伝わります。

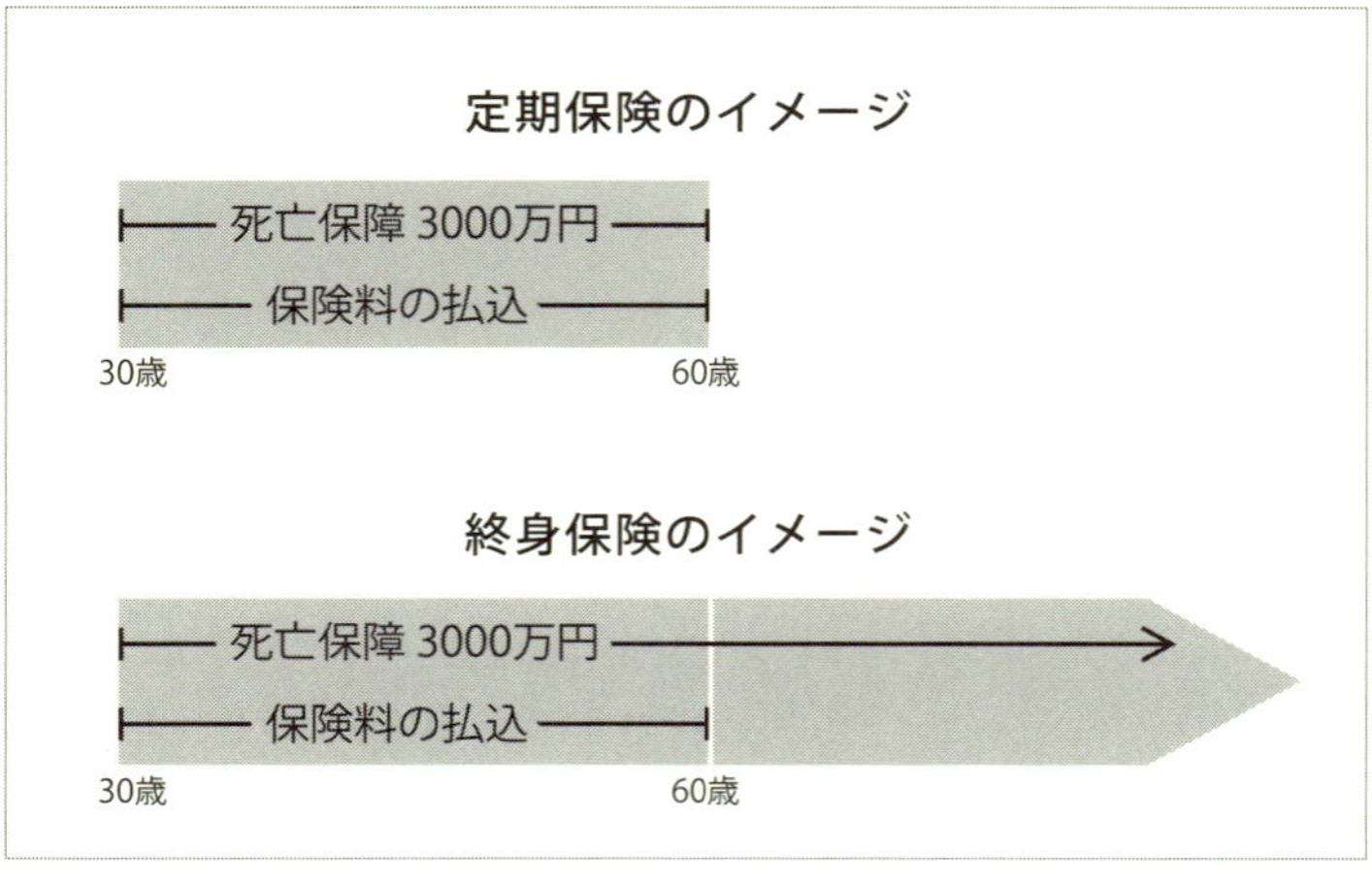

●定期保険は逓減型にせよ

ここからは私のそれぞれの保険への考え方を示します。

私は、人生においては死のリスクよりも長生きリスクのほうが、リスクの度合いが高いと考えています。したがって、リスク管理についても**長生きリスク対策を優先すべき**です。

もちろん保険に対しての考え方は主観的な問題で、各家庭・各個人の価値観が優先されるもので、共通の物差しはありません。ただ、今後の社会状況などを考慮すると、長生きリスクについて検討してみる価値は十分あると思われます。

よく**「保険はギャンブルと同じだ」**と言われる方がいますが、それはこの定期保険を指しているケースがあります。

60歳までに死亡すれば3000万円が受け取れるが、死亡しなければ保険料は保険会社のもの。そしてこのギャンブルは胴元である保険会社が断然有利なのです。なぜなら60歳までの死亡率は8％以下（厚生労働省「簡易生命表」より）といった統計があるからです。

さて、そこで定期保険をどう考えるか。

まず死亡率8％以下といわれても、それは無視できる数字ではありません。8％とはそれなりに大きな数字です。

一般的には、死亡保障をもっとも必要とするのは、幼いお子さんがいる世帯主に万一が起きた場合で、そのリスクに備えるために定期保険に加入するというケースが多くなります。もしこの一家の主が60歳前に死亡すると、経済的にも精神的にも大きな痛手となりますから、定期保険は必要です。

しかし幼いお子さんは5年、10年たっても幼いわけではありません。つまり子供の教育費・養育費は0歳児と18歳児とでは明らかに違ってくるのです。

そうなると、子供が18歳になっても死亡保障が3000万円のままといった場合はムダな部分を含んでいると考えられます。少なくともお子さんが独立する直前の世帯主の死亡は、経済的には大きなダメージは生じないはずなのです。

必要保障額はお子さんが0歳児の時がピークであり、年々徐々に減少していきます。これを保険の世界では**逓減**《ていげん》といいますが、この逓減に合わせた死亡保険が現在もっとも合理的と考えられています。

このようなケースでは、**逓減定期保険**が便利です。

逓減定期保険とは、保険期間中の保険料は一定ですが、時間の経過とともに保険金額が減っていくという定期保険です（左下図）。被保険者の死亡時期が保証期間終了に近いほど受け取れる保険金の総額は減少します。当然一般の定期保険と比較しても保険料は割安であり、ライフプランに合わせた合理的な保障を確保できます。

保険会社の商品名では**「収入保障保険」**といわれているため、こちらの方がなじみがあるかと思います。収入保障保険と逓減定期保険の構造はまったく同じですが、収入保障保険は保険金が一括ではなく年金形式で支払われます。

●終身保険は払済保険へ移行せよ

終身保険を考える場合は、加入の目的や終身保険の種類、解約返戻金の絡みにより解約か否かの判断が分かれます。

終身保険は、本来は自分が死亡した後の家族の保障のためにあるものですが、**貯蓄機能がある**点が定期保険との大きな違いです。

ただし、終身保険は貯蓄の手段としては適切と言えません。

その理由は次の2点です。

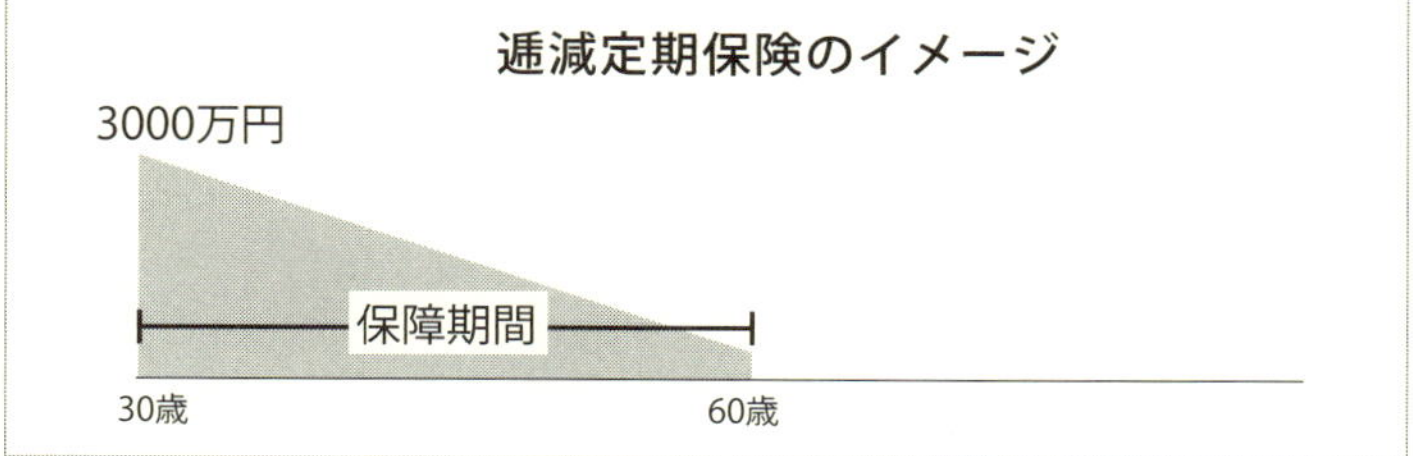

まず第一に、お金に関しての重要な要素でもある流動性が悪い点です。

流動性とは、いざという時にいつでもすぐに換金できるかどうかの概念で、終身保険をこの観点で見た場合、**きわめて流動性の悪い商品**となります。お金を動かすためには保険料の支払い期間中に解約する必要がありますが、そうすると元本を大きく割り込んでしまいます。つまり、突発的にお金の必要に迫られて動かせる性質の金融商品ではないのです。

超低金利の今日、長期間資金を固定させることは将来の選択を縛ることになるため、投資の基本戦略から見ても不適切です。

第二に**誤解を招きやすい利率表記**がされていることです。

よくパンフレットの中で、「最低保障利率1.5％」と表示されている保険商品があります。これは大きな誤解を生みます。

一般の消費者はこの表記を見て、自分が払った保険料すべてにこの利率が適用されると考えるでしょうが、実際に1.5％で運用される部分は、保険料から手数料や諸経費等を引いた残りの積み立て部分のみです。また、支払った保険料のうちどのくらいの割合が実際の運用に回されているのかといった基本情報が明確に開示されていません。

こう書くと保険会社が不誠実なように見えますが、これは契約する側の問題でもあります。預金であれば利率を気にするはずなのに、保険となると突然、「保障があるから」という理由で大雑把な行動をとってしまうのです。

そこで終身保険における私の結論は、**即刻解約する**というものです。

予定利率の高い時代に契約された終身保険、いわゆる「お宝保険」（151ページ参照）であれば残すという選択もありえますが、それでも**払済保険**を利用して、保障額を削減し、支払い保険料はゼロにすべきです。

払済保険とは、保険料の払い込みを中止し、その時点での解約返戻金をその後の保険料に充当するというもので、以後の保険料はゼロとなります。そして、保障額は小さくなりますが、保障自体を続けることができるのです。運用利率も加入時のまま維持されます。

細かい反論があることは承知ですが、解約するか払済にすることで、毎月払い続けている保険料という支出を止めることができて、その資金を介護費用対策へシフトさせることができるのです。

ちなみに、保険の中には定期保険と終身保険が組み合わさったものもあります。「定期付終身保険（更新型）」といって、90年代まで日本の生命保険会社が主力商品として販売をしていました。図にすると次ページのようになります。

20年以上前に販売されていた保険はこのタイプの設計になっているものが多かったため、加入されている方も多いはずです。

この例でいくと、まずベースとして終身保険が100万円、定期保険が2900万円、合計で3000万円の保障となります。

ただし40歳になると更新のお知らせがきます。その更新により保険料が1・4~1・5倍になります。さらに50歳になるとさらに保険料が1・4~1・5倍になります。

仮に30歳の時の保険料が2万円だとした場合、40歳で3万円、50歳で4・5万円となるわけです。

この保険には次のような問題点があります。

1・保険料が年齢とともに上がっていく
2・入院手術給付金がついている場合、その特約は60歳で一旦終了する
3・1と2の内容が加入時に契約者に知らされていない

3が最大の問題で、契約者どころか当時の営業担当者にも知らされて

定期付終身保険（更新型）のイメージ

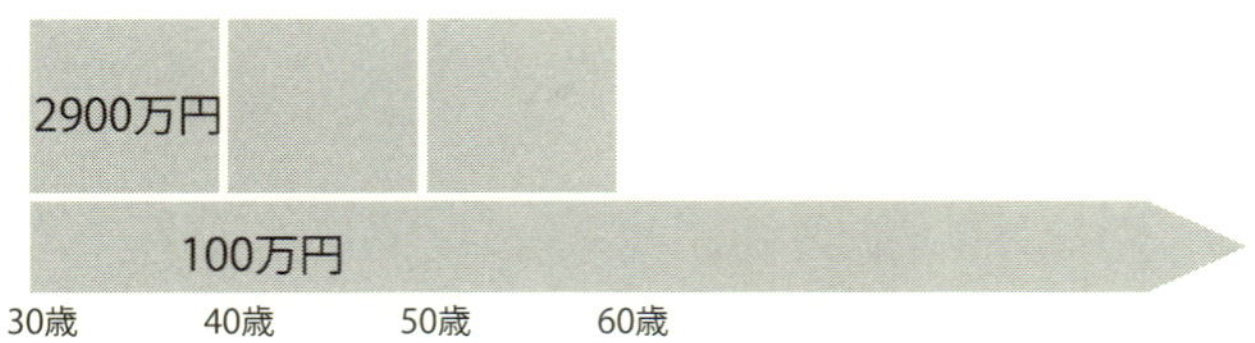

いなかったケースが多々あります。当時の保険会社の意図的ともいえる無責任極まりない姿勢には大いに問題があります。

現在ではこのタイプの保険の見直しがもっとも削減効果を発揮できることもあり、保険会社では、このタイプの保険に加入している家庭を見つけると、見直しをさせようと積極的なアプローチをかけてきます。

もし現在加入している保険がこのタイプであれば、逓減型の定期保険に変更するなどの適切な見直しをお勧めします。

●医療保険はいらない

定期保険・終身保険の2つの保険の仕組みはご理解いただけたかと思います。

そうすると次はどのように保険を取捨選択すればいいのかということになりますが、ここからは皆さんにとってなじみ深い、医療保険とがん保険についても触れていきます。

まずは医療保険です。

医療保険は、病気やケガなどによる入院や手術での支出に備えて加入する保険であり、国民の多くが加入しています。

そんな医療保険も、最近は加入することが是か非かといった議論を見かけることが多くなりました。

医療保険を否定する側のポイントは次の３つです。

【ポイント１】平均入院日数の減少

厚生労働省の「患者調査」によると、平均在院日数は**減少傾向**にあります。

医療保険は入院・手術といったリスクに特化した設計になっているため、入院日数の減少といった傾向はこの保険商品の根幹を直撃する不利なデータです。

ではなぜ平均入院日数は減少したのでしょうか。

理由は、医療技術の進歩によって早期治療が可能になったことと、もうひとつは病院側の制度の問題です。平たく言えば平均入院日数を減らして患者の回転を早くしたほうが儲かる仕組みであることです。

したがって今後も減少傾向が続くであろうことは容易に想像できます。

【ポイント２】高額療養費制度の存在

次に高額療養費制度についてです。この制度についてはご存知の方も多いかと思いますが、公的医療保険制度のひとつで、**医療費の自己負担額の上限**を定めるものです。所得に応じて差異はありますが、標準的な年収（370万〜770万円程度）の方は、長期の入院になってもこの制度の存在のおかげで、治療費は月9万円前後で収まります。

入院中の食事代など対象外になるものもありますが、それでも合計でせいぜい十数万円程度であると見込むことができます。私たちが普段払っている健康保険にはこのようにありがたい制度が組み込まれているのです。

【ポイント3】約款主義

3つめとして約款主義があります。これはやや聞きなれない言葉かと思いますが、ようは「今年医療保険に加入した人は今現在の医療技術・治療方法を基準に約款が作られ、その約款に基づいて保険契約は履行される」ということです。

保険の契約は長期にわたります。何十年も経過する間には新しい手術法や治療法が開発されますが、それでも**契約時の約款ですべて判断されます**。

お手元に10年、20年前に加入した医療保険の約款があれば、一度中身を確認されるといいかと思います。現在ではほとんど行われていない手術が定められていたり、逆に今では一般的になっている手術が該当しないといった弊害が起きているケースもあります。

現在であれば当然入院すべき病であっても将来は通院や自宅療養で済んでしまうかもしれません。つまり病気で治療費がかさむのに給付金が払われないのです。

医療保険が入院給付金・手術給付金といった限られた範囲での保障である以上、**場合によっては保険がまったく役に立たなくなる可能性がある**のです。

保険の世界は契約社会です。約款に書かれている内容しか保障されません。約款の内容は契約を結んだ時点で進化を止めてしまいます。今日のように変化の激しい時代に、何年も同じ契約内容で安心だと考えるほうが変ではないでしょうか。

私は、医療保険は基本的に不要だと考えます。

本書では、加入済みの保険を整理して、浮いたお金で保険に入り直すことで介護費用を準備することを目指しているためです。

とはいえ、状況によっては医療保険はやはり役に立ちます。入っておかなければ不安だと思う方もいるでしょう。そのような方にまで医療保険が不要だとは言いません。ただ、医療保険の加入・見直しをお考えの方は、ぜひここで挙げている3点のポイントについて思いを巡らせて、判断を誤らないようにしてください。

●がん保険は条件次第で加入してもいい

がん保険は、医療保険を否定する人の中でも意見が分かれるところです。

がんは今後10年、20年後にまったく新しい治療法が開発され、通院のみで治療できる病気になっているかもしれません。事実今でも抗がん剤治療などは通院で治療することが多くなっています。

そこまで極端でないとしても、今後次々と新しい治療法が登場してくることは確実であり、その一方でこれまで注目されなかった病気が顕在化したり、あるいはまったく新たな病気が猛威をふるう可能性も少なくありません。

ただし、がん保険にはたいへん興味深い特徴があります。

それは、**がん診断給付金**、そして**入院日数無制限**という保障内容です。これはがんという病の特殊性を表しています。

がんは転移や再発を繰り返して長期化することがあり、入院日数の予測はできません。また生活への影響面が大きく、仕事を辞めて収入減となったり、精神的なダメージにより胃潰瘍やうつ病になるといった二次的な被害に見舞われることもあります。薬価の高い抗がん剤による治療が一生続くともなれば、たとえ上限のある高額療養費制度があっても、自己負担は相当重くのしかかってきます。

そこでがん保険における私の結論ですが、**条件つきですが、加入することをお勧めします**。

その条件とは、**がん診断給付金の比重を高めること**。

保険は手術、入院、通院というように給付条件を細分化するほど使い勝手が悪くなります。

例えば不測の事態に備えて100万円貯蓄しておけば、あらゆる病、事故、災害、要介護状態、会社でリストラにあう等、当たり前ですが何にでも使えます。

がん診断給付金は手術か、入院か、通院か等の治療方法を問われない分、支給されやすいのです。

また診断による精神的ショックを補う手助けともなります。

保険会社の過剰なまでのCM等による宣伝が気になりますが、私はこれらのメリット・デメリットを合算しても、最終的にはがんの告知を受けた後〝これで安心して治療に専念できる〟といった精神的な支えを優先させたいと考えます。

4　民間の介護保険の選び方

●終身の年金型以外は考える必要はない

ここまでで、保険料を大幅に削減できることはご理解いただけたと思います。

ここからは、削減によって浮いた保険料を使い、新たな民間介護保険への加入について考えたいと思います。

そのために、どのように介護保険を選ぶのかを考えます。

なお重ねて強調しますが、将来の介護費用は**保険の組み換えによって準備をするべき**であって、介護保険に加入するからといって決して新たな出費はしないことです。

皆さんは民間の介護保険といわれてもあまりピンと来ないと思います。

その理由として考えられるのは、まず保険会社が介護保険の売り込みに積極的ではないということと、私たちが介護費用の重大さに気付いていないか、気付かないふりをして対策を先送りにしているからでしょう。

しかし介護の問題を見過ごすわけにはいきません。先に述べたように、長生きリスクや介護費用リスクはフローのリスクです。出費の総額の予測が難しいため、貯蓄だけで備えることには無理があるのです。

私たちがもっとも恐れるのは、貯蓄を切り崩すことにより途中で資金が底をついてしまうことです。それを防ぐためには、**終身の年金型の商品を選択する**ことです。これ以外は選択肢から完全に外してください。

繰り返しますが、キーワードは**「終身型」**です。何年生きていても死ぬまで無期限に支払われるという担保は私たちの心理的負担を大きく軽減してくれます。

●民間の介護保険を検討する時のポイント

民間の介護保険は、一般的な死亡保険や入院保険の特約としてついているケースもありますが、ここで取り上げる商品は単体で加入する介護保険です。特約の介護保険は介護費用対策として適切ではないので、ここでは考えません。

民間の保険会社は各社さまざまな介護保険商品を取り揃えています。ただ仕組みが複雑なため、単純に比較しにくい構造となっています。

そこでこの項では検討のポイントを、保険料・給付期間・支払い基準の3つに絞ります。

この3項目を押さえていくことで商品選択は容易になるはずです。

【ポイント1】保険料

保険料の払い方について検討するポイントは、**「保険料は掛け捨てか積み立てか」**と**「払込期間は終身か期間限定か」**の2点です。

ここまでの話の流れで見当はつくと思いますが、ここは躊躇なく「掛け捨て」「終身払い」を選択してください。この選択の根拠は、前述した「月々の保険料を限りなく少なくして、浮いたお金は貯蓄へ回す」という基本コンセプトです。

【ポイント2】給付期間

給付期間には、**「終身型」**か**「期間限定型」**かといった選択肢がありますが、ここでも迷わず終身型とするべきです。

【ポイント3】支払い基準

支払い基準はのちのち揉めやすい項目で、今後変更になるリスクもはらんでいます。

この点についてはいくつかの段階がありますが、最初のポイントは**「公的介護保険連動型」**か**「独自基準（非連動）型」**かです。

連動型とは公的介護保険制度の要介護度に支払い基準を合わせるタイプであり、独自基準型とは保険会社が独自の判断基準に基づいて審査するタイプです。

支払基準を明確でシンプルにしておくために、やはりここは連動型を選択すべきです。

ただし連動型であっても、「当社所定の状態」として別の基準を定めているのが一般的です。各社とも「どちらかに該当すれば保険金を受け取ることができる」とされています。

公的介護保険連動型を選んだとすると、次に検討する基準は要介護レベルです。要介護2以上か、3以上なのか、あるいは4以上なのかといった点です。

要介護2以上だと当然保険料は割高となりますが、全体的には要介護2以上を対象とした商品が多い傾向にあります。

要介護2というと軽度のイメージがありますが、実際には、介護人の時間や労力を奪うような重度の認知症であっても要介護2と認定されることがあるため、支払い基準としては適正ではないかと考えます。

なお、中には「要介護2以上」に続き「その状態が30日間継続した場合」等の定めがあるタイプがあります。日数は30日であったり180日であったり、商品によって幅があります。

この期間により保険料は少なからず影響を受けるため、短いにこしたことはないのですが、もともと介護費用という長期にわたることを前提とした備えであるため、これについてはあまりこだわらなくてもいいと思います。

以上、3つの視点から民間の介護保険を考察してきましたが、これで多岐にわたる商品群の中から大分絞ることができると思います。

●年金額はいくらが妥当か

民間の介護保険を検討する上でもっとも悩ましいのは、将来受け取る年金額はいったいいくらが妥当なのかという点です。

24ページで見た通り、在宅介護に必要な1人あたりの費用は平均月6万9000円となっています。これは、公的介護保険制度の利用に必要な1割の自己負担分だけでなく、医療費や通院交通費、おむつ代等の介護保険対象外の費用を含めた額です。

この数字をそのまま参考にすると、月額7万円を民間の介護保険と貯蓄でカバーできればめどは立ちそうですが、何度も書いているように各家庭の介護状況には幅があるため、平均という数値はまったくあてになりません。

では私たちは、予測不可能な未来とどう対峙していくことが適切なのでしょうか。

大切なのは、介護に備えることが重要だからといって、**極端に保険に資金をつぎ込み過ぎない**ことです。

介護のように予測が難しいリスクには、貯蓄と介護保険とをバランスよく折り合いをつけて対応していくことがポイントとなります。

以下に、民間の保険会社が販売している商品の参考例を挙げます。

ちなみに、現在の各社の商品ラインナップには、終身型であっても「年金型＋一時金」「年金型＋死亡給付金」といった組み合わせの商品が多く、終身型のメリットを最大限に生かす「年金型のみ」といった設計の商品は見当たりません。

【ソニー生命　終身介護保障保険】

介護一時金	60万円
介護年金（年額）	60万円
死亡給付金	0円
支払い基準	要介護2以上
保険料（終身払い・男性）	40歳　3960円（月額） 50歳　5880円（月額）

※支払い事由に該当したとき以降の保険料の払込を免除される

この商品では、介護初期に一時金として60万円給付されます。介護用品の購入や住宅のリフォームとして使えそうです。死亡給付金がないため、とてもシンプルでわかりやすい商品です。

一方、次の商品の保険料は比較的安く感じられますが、注意したいのは「要介護3以上」という支給条件です。

要介護者を見たことのある方であればわかると思いますが、要介護3はかなりの重症です。この商品だと、要介護2の状態までは貯蓄など自力で踏ん張る覚悟が必要です。

【明治安田生命　介護のささえ】

介護一時金	0万円
介護年金（年額）	60万円
死亡給付金	60円
支払い基準	要介護3以上
保険料（終身払い・男性）	40歳　3780円（月額） 50歳　5178円（月額）

※介護年金を支払った場合、その後の保険料の払込みは不要

なお、これらは著者が推奨している商品ではなく、あくまでも民間の介護保険のスケールをイメージしていただくための事例としてご覧ください。

●介護保険に入るのは今がいい

ここまでで、民間の介護保険についてはご理解いただけたと思います。

しかし保険はいざ加入するとなると、どのタイミングで加入するのが最適なのか迷うものです。「そのうち入ろう」「収入がアップしたら入ろう」と思いながらズルズルいってしまうのが保険の特徴でもあるのです。

では、介護保険に加入する最適な時期はいつなのか。

先に結論を言うと、それは今なのです。

まだ若い方にとって、民間の介護保険の優先順位は明らかに低くなっています。

理由は**緊急性**に尽きるでしょう。自動車事故、入院、火災等は今日明日起こってもおかしくありません。しかし自分が明日介護状態になるとは想像しにくいものです。仮に想像してもそれは70歳、75歳以降という先の話です。

したがって民間の介護保険を検討するにしても、リスクの高まる60歳、65歳以降で良いのではないか……これが多くの方の自然な感覚でしょう。

このような考え方が誤っているわけではありません。ただ民間の介護保険の優先順位が著しく低く、その反面医療保険やがん保険が売れ筋商品となっている今日の現状は、やはりバランスを欠いていると感じます。

そこで、3つの着眼点により、なぜ介護保険に入るのは今がいいのかを説明し、優先順位を引き上げるためのきっかけにしていただきたいと思います。

【着眼点1】保険料

現在日本は、急激な高齢化が進行しているというきわめて特異な状況下にあります。今後公的介護保険制度は厳しい方向へ見直されることが懸念されます。

同様に民間の介護保険も、保険料を上げるか保障額を下げるか、またはその両方で調整しながら新たな商品を開発していくしかありません。そのため今後は、**民間の介護保険料は高騰が予想されます。**

だから今がいいのです。

【着眼点2】健康状態

保険の加入に際しては、加入者間の著しい不公平を避けるために**「健康告知」**があります。

健康は、この世において唯一といってもいい、お金で解決できない重要な要素です。保険も、いくらお金を積んでも加入できないケースがあるのです。

65歳になってすぐに介護認定を受ける可能性は低いかもしれませんが、その時の健康状態が保険会社の引受基準に達しているとは限りません。

40代、50代くらいになれば、すでに多少の健康不安を抱え始めている方もいるでしょう。

だから、加入できる今がいいのです。

【着眼点3】 支払い基準

公的介護保険制度は、65歳未満の方へのサービスについては条件があるため手薄です。例えば40代で交通事故に遭遇して寝たきり状態になっても、公的介護保険は一切適用されません。

一方、民間の介護保険には年齢要件はなく、**基準に該当すれば何歳であっても支払われます。**

●将来、お宝保険になるかも？

現状、保険会社は介護保険にあまり積極的ではありません。

その理由は2つあります。

第一にニーズがない。

「そんなはずはない、この少子高齢化時代に社会的ニーズはあるはずだ」と思われるでしょうが、民間企業は、社会的な必要性があっても売れなければ成り立ちません。理由はどうあれ、儲かる商品を売るのが民間企業なのです。

第二に商品設計の難しさです。

介護に関する昨今のデータ、例えば要介護認定者の急増、団塊世代の高齢化、平均寿命の上昇等は、保険会社にとって間違いなく脅威です。必然的に介護保険の販売は消極的になります。ようは利潤を生み出しにくい商品になっているのです。

そうなると、〝今後の商品の内容や品揃えに対して大きな期待はできないのでは〟といった見方ができます。つまり、**今加入した保険は将来的に〝お宝保険〟となる可能性がある**のです。

かつて金利の高かった時代の終身保険や年金保険は、今ではお宝保険と呼ばれています。

しかし、契約者にとってのお宝保険は、保険会社にとって完全な〝**お荷物保険**〟となっているのが現状です。

契約者と保険会社は利益相反関係にあります。契約者が支払う保険料は保険会社の利益となり、契約者への保険金・給付金の支払いは保険会社にとって出費となります。医療保険やがん保険のＣＭを大々的に流し、営業マンが積極的に勧めてくるのは、保険会社にとってそれらの利益率が圧倒的に高いからです。

現実的には保険商品はさまざまな要因が複雑に絡んで設計されており、現在販売されている介護保険がお宝保険になるかといえば憶測の域を脱しませんが、潜在的な可能性はありそうです。

5 民間の保険会社が持つリスク

●保険会社の破綻リスク

東日本大震災の数日後、生命保険協会から次のようなニュースリリースがありました。

> 各生命保険会社では、被災されたお客様のご契約については、地震による免責条項等は適用せず、災害関係保険金・給付金の全額をお支払いすることを決定いたしましたのでお知らせいたします。

また日本の生命保険大手5社（日本生命、第一生命、明治安田生命、住友生命、太陽生命）がマスコミに対して次のような共同発表を大々的に行いました。

（前略）不慮の事故で死亡・負傷した場合に払われる災害死亡保険金や災害入院給付金を、全額支払う特別措置を実施する。

（毎日新聞・2011年3月12日）

これらの報道を見て〝おやっ〟と思う方もいたでしょう。そもそも保険とは万一の備えとして加入するものです。その万一が今、目の前で起きているのだから、淡々と保険金の請求がされて、淡々と支給される。それが保険というものではないのかと。

それではなぜ特別措置の実施などと恩着せがましくいうのでしょうか。

ご存知の方も多いかと思いますが、多くの保険会社の約款にはおおむね次のような主旨の規定が記載されています。

「大規模な地震、津波、噴火、戦争、テロ等で想定以上の被災者が出た場合、**保険金支払いを免除、削減できる**」

約款とは保険においてのルールであり法律でもあるわけですが、「今回はそのルールは適用しません、安心してください」というメッセージが込められており、だから特別措置となったわけです。

もちろん今回はこの対応でよかったわけですが、こうした発表は改めて民間の保険会社に加入することのリスクを再認識させられる象徴的な出来事でした。私たちは、民間企業という組織を使うことの意味をいま一度確認しておく必要があります。

保険はその仕組み上、**大きな災害や損害には脆弱な一面を持ち合わせています**。

今回の震災で特に私が目を奪われた映像は、津波によって大量の車がいとも簡単に流されていく光景でした。車の被害を考えた時に真っ先に思い当たるのは自動車保険の中の車両保険ですが、津波は車両保険の支払対象とはなりません。反面、台風等による洪水で発生した損害は車両保険の支払対象となります。どちらも被害状況にほとんど差異はありませんが、保険の世界では厳密に仕分けされるのです。

なぜこのようなことが起こるのかというと、一言でいえば保険会社が潰れないためです。

保険商品を設計する上でもっとも重要な要素は、保険事故の発生する確率を計算して保険料を導き出すことです。つまり確率計算というベースが前提となっていて、この計算は経営に直結します。しかし、地震、津波といった発生予測が著しく難しい現象に対しては確率計算ができないのです。

先の特別措置の事例では、全額支払っても財務的に問題は生じない、あるいは逆に特別措置をとらずに約款通り「今回は大規模災害に該当するため支払いは致しません」と発表した場合、世論からのバッシングによる風評被害の損失のほうがはるかに大きくなるであろうといった、あくまでも経営上の判断であることは否めない事実です。

保険会社も含め、**民間企業は常に破綻リスクを抱えています**。あなたが加入している経営基盤のしっかりした保険会社も、20年後には経営不振に陥っているかもしれません。

私たちが心得ておくべきことは、保険は30年、40年という長期間の契約にわたるという特殊性を持っているということです。

●保険会社が破綻したらどうなる？

万が一自らが加入している保険会社が突然破綻してしまった場合、どうなるのか。

結論から言いますと、保険契約者保護機構や救済保険会社などが保険契約を引き継ぎます（共済や少額短期保険業者などは対象外）。

ただし注意していただきたいのは、**「責任準備金」**（保険会社が将来の保険金の支払いに備えて積み立てているお金）が最大で10％削減される点です。また予定利率を引き下げられるケースもあるため、契約時に約束されていた死亡保険金額や満期保険金額・年金額が少なくなります。

したがって、保険会社が破綻しても契約者は大損害こそ避けられますが、中程度の損害は受ける覚悟が必要です。特に終身保険や個人年金保険、あるいは養老保険といった貯蓄性の高い商品は影響を受けることになります。

さらに付け加えると、一定期間、早期解約控除制度が設けられる可能性もあります。これは解約による急激な資産の流出を防ぐために、解約したら戻ってくるはずの解約返戻金を削減しますよという、契約者に解約させないための制度です。

いずれにせよ、**契約通りの額を受け取れない可能性が高い**ということです。

●不払いリスク

保険の加入を勧める時の営業マンの熱心さは尋常ではありません。

一方でいざ保険金や給付金を支払うといった事態になると、一転してシビアな調査が入ります。

民間の保険会社としては、多くの保険料をもらって、出ていく保険金をできるだけ渋る方が利潤が上がるわけですから取り立てて批判することではありませんが、加入者としてはこの**出口の厳しさ**を軽視することはできません。

不払いとは本来支払うべき案件に対して支払われないといった意味ですが、現実的には微妙なケースやグレーな領域が常に存在しています。これらをどう判断するかは保険会社に委ねられているわけですから、保険会社にとって有利な結果になりがちではないかと想像するのが普通です。

かつて保険会社の不払いが大量発覚し大きなニュースになったことがありましたが、原則として**保険金や給付金は契約者が請求しなければ支払われません**。保険会社が「請求がなかったから支払いませんでした」といって突っぱねてもルール上は一向に構わないわけです。

不払いの根拠となりうるポイントは2つあります。

ひとつは約款の存在です。

約款とは、保険のルールブックであり、最終ジャッジの根拠となります。しかし契約者のほとんどは、このルールブックを読んでいません。保険会社へクレームの電話を入れても受付のオペレーターから丁寧に「お客様、約款の〇〇ページにこう記載されてます」と言われてしまいます。私たち契約者側はそれを覆すだけの理屈を持ち合わせていません。

巨大災害の例からもわかるように「それって、結構大事だよね」といった項目が、サラッと小文字で記載されていることがよくあります。

そのため私の結論は、少々乱暴になりますが〝約款をよく読みなさい〟ではなく、**〝そんな虫メガネ片手に見なければならないわかりにくい約款の商品はやめてしまえ！〟**となります。

不払いの根拠となる2つめのポイントは告知義務違反です。

告知義務とは、契約者の間に著しい不公平が生じないように、健康状態の悪い人や持病のある人などを契約から除外するためのものです。

保険の契約書の記入も終わり、次に告知書の記入をしている時に、保険の営業マンと次のような類の会話はなかったでしょうか。

「4～5年前に近所の内科医で便秘薬や眠剤を処方してもらい、飲んだことがあります」
「あっ、その程度なら大丈夫です」

これらのやり取りが後々大きなトラブルになることがあるのです。

まず大前提として、保険の営業マンは契約の仲介をする存在にすぎません。契約を締結したり支払い請求を決済する権限はないのです。ましてや保険事故が発生するであろう10年、20年先にその営業担当者が今のポジションにいて契約者をケアしてくれるとは到底考えられません。

さらにひどいと「2年間バレなければ大丈夫」と、お得情報であるかのように耳打ちしてくる販売員もいます。しかし実際は2年経過しようが保険会社が重大な**告知義務違反**と見なせば契約は無効になります。

営業マンには、1件でも多くの契約を成立させて自らの収入を上げたいといったインセンティブが常に働きます。ましてや契約書の記入後の告知書の段階で契約が不成立になっては、それまでの労力が無駄に終わり、もっとも悔やまれる結果になってしまいます。

もしあなたが自分の身を守りたかったら、告知義務を軽んじる営業マンとは距離を置くのが賢明です。

●契約者と乗合保険代理店は利益相反関係

最近では、複数の保険会社の商品を扱う乗合保険代理店や銀行、郵便局などが、「公正中立」をうたった保険の無料相談会を催しています。

しかし保険代理店や金融機関は、各保険会社から受け取る販売手数料で成り立っています。つまり**できるだけ保険料の高い契約を結んだ方が大きなキックバックがある**のです。

さらに手数料比率は、各保険会社・各保険商品によって大きな差があり、決して同列ではありません。

このことはどういう結果を招くのでしょうか。

単刀直入に言うと、手数料比率の高い商品を顧客に勧めることになります。

利益相反関係にある以上、代理店や銀行が合理的な計算によって動くのは当然なのです。

そもそも保険業界は、契約件数を増やし、契約者から多くの保険料を払ってもらうことで成り立っています。

だからといってこの実態を批判しているのではありません。私は本当に顧客を第一に考える優秀な営業マンを多く知っていますし、彼らは日々努力しています。決して営業マンが自分本位で悪意に満ちた人達だと言っているのではありません。彼らが妻や子供を食わせるために1件でも多くの契約をとろうとすることには、社会的にも道義的にもなんら問題ありません。

ただし一部には、自らが販売している商品の約款に目を通したことがない者や、顧客の年金の受給条件や計算方法も知らずに高額の契約を平然と結ぶ者もいるようです。

したがって契約する側は、民間の保険を利用することにはさまざまなリスクがあるということを常に理解しておく必要があるのです。

●保険はシンプルに

保険の不払いリスクを考えると、保険の加入のしかたとしてひとつの結論が見えてきます。

それは**わかりやすく、シンプルな保険にする**こと。

じつはこれは単に不払いを防ぐという意味だけではありません。

皆さんは、自分が保険金や給付金を請求する時にどういう状況下にあるかを想像したことがあるでしょうか。ひとつ確かなことは、自分や家族に不幸が訪れているということです。おそらく気分は落ち込み、思考能力も低下しています。そのような正常でない状況において、約款の細かい条文を見たり給付金が出る出ないで保険会社と揉めたりしたくないはずです。

これは保険会社にとっては好都合です。うがった見方をして申し訳ないのですが、あえて保険商品を複雑にして、どうにでも解釈可能な文面を付加することで給付金請求を断念させているのではないか、といった疑念すら持ってしまいます。

保険はわかりやすく、シンプルにしておくべきなのです。**自分が精神的にも肉体的にも弱っていても的確に判断できる内容**にしておきたいものです。

これは保険を考える上できわめて重要な要素です。

具体的には、できる限り約款上で難癖をつけられない、定義が明確な保険にすることです。

もっともシンプルな商品は、死亡したら支払われる死亡保険です。死に方は問われない上に、どちらとも取れる状態は存在しません。民間の介護保険も「公的介護保険連動型」であれば判断に迷うことはありません。

一方、三大疾病（特定疾病）保険の脳卒中の定義は「加入後に脳卒中になり医師の診察を受けた初診日から言語障害、運動失調、麻痺などの神経学的後遺症が60日以上継続したと医師が判断した時」とされています。ようは突っ込みどころがいくつもあるのです。

わかりやすく、シンプルに。このスタンスは絶対に譲歩してはいけません。

もしわかりにくい単語、例えば「アカウント型」とか「積立利率変動型」などの言葉が出てきたら、説明を求めたり調べたりせず、その商品は無視してください。

●認知症はどこまで保険でカバーできるか

1章で認知症について書きましたが、保険における認知症の扱いについて考えてみます。

現在、がん保険のように、認知症を単体でカバーできる保険はありません。民間の介護保険や所得補償保険の中の数ある支給要件のひとつとして、認知症やそれに類する障害に該当した場合に支給されることになります。

また死亡保険でも、重度の認知症が所定の高度障害状態に該当すれば死亡保険と同額の保険金が支給されますが、高度障害状態は軽度の認知症では認められません。

つまり、認知症がこれほど増加し社会的にも大きなリスクとなっているにもかかわらず、**認知症を保険ですべてカバーすることは、現状ではできない**のです。

では今後認知症の保険はできるでしょうか。

保険として商品を設計するためにはいくつかクリアしなければならない課題があります。

ます、認知症は病名ではなく多くの原因疾患による病状を表していることから、定義の曖昧さが拭えません。死亡保険やがん保険がなぜ成立しているかといえば、どちらとも取れるといった曖昧な状況は存在せず、支給要件が明確であるからです。ようは誰が診断しても同じ結論になる普遍的な診察方法が確立されていることが重要です。したがって画像診断などを取り入れた診断環境が整ってくれば認知症の保険は理論上設計できるはずです。

しかし経営的視点から見た場合、現在の認知症の増加傾向や将来の推定数値を目の当たりにすると、保険会社は商品として販売することに躊躇せざるを得ないでしょう。また認知症自体が他の介護状態と比べてリスクの大きさが違うという認識が一般化しない限り、介護保険で十分と考えます。先ほども書きましたが、利益を生み出す商品設計でなければ企業は社会的価値があっても商品にはしません。

もし認知症に対応した保険を作るのであれば、認知症をかかえる家族を対象にした賠償責任保険を商品化した方が、保険という商品との相性がよく、需要もあると私は思います。

●保険の見直し例

それでは本章の最後に、介護費用に備えた保険の見直し例を見ていきます。例として、次のような家族のケースを考えます。

［家族構成］
・Nさん（45歳）
・妻（43歳）
・長男（12歳）
・次男（9歳）

【見直し前の保険加入状況】

Nさん

・定期付終身保険（更新型）…月額保険料月2万2000円①

主契約（終身保険）…500万円

特約（定期保険）…2500万円（65歳まで）

入院日額…1万円

・医療保険…月額保険料月2000円②

入院日額…5000円

妻

・終身保険…月額保険料月5500円③

終身保障…300万円

・医療保険…月額保険料月3500円④

入院日額…1万円

見直し前の保険料総額…①＋②＋③＋④＝月3万3000円

このケースで、介護費用リスクに備えた保険の見直しをしてみます。

保険会社の担当者に試算してもらったところ、Nさんの定期付終身保険は、払済終身保険にするとこれまでに支払った保険料の積立部分を利用して300万円の終身保障を確保できることがわかりました。以後、この保障の保険料は0円になります。

また、次男が大学を卒業して独立するまではある程度の保障は確保しておきたいため、年々保障額が減っていくタイプの収入保障保険に加入します。これによって一般の定期保険に比べて保険料が安くなります。

妻の終身保険については加入してそれほど期間が経過していなかったため、払済にするほどの積立金がありませんでした。葬儀費用目的で加入していたとのことですが、その資金は預貯金で備えるので解約します。

まとめると次のようになりました。

【見直し後】

Nさん

1・定期付終身保険を払済終身保険にする

2・医療保険を解約する

3・収入保障保険に加入する

月額給付15万円・保障期間60歳まで…月額保険料5000円①

4・がん保険に加入する

入院日額1万円・がん診断給付金100万円…月額保険料3000円②

5・介護保険に加入する

年金額年72万円…月額保険料6000円③

妻

1・終身保険を解約する

2・医療保険を解約する

3・がん保険に加入する

入院日額1万円・がん診断給付金100万円…月額保険料3000円④

4・介護保険に加入する

年金額年72万円…月額保険料6000円⑤

見直し後の保険料総額…①＋②＋③＋④＋⑤＝月2万3000円

この結果、保険料が1万円安くなりました。

この1万円は貯蓄に回して、将来の医療費・介護費・緊急予備費として蓄えておきます。

なお、各保険会社の商品内容や加入年齢などの諸条件により、保険料は必ずしもモデルケースのようになるとは限りません。健康状態などにより保険に新規加入できない場合もあるので注意する必要があります。

また、保険の空白期間を作らないために、解約手続きは新たな保険契約が確定した後に慎重に行ってください。

介護のQ&A③

ネット保険はいい？ 悪い？

Q【質問者：Cさん（50歳）】

インターネットを見ていると、ネット上で契約までできる保険がたくさんあります。今までは担当者と対面で話し合った上で保険に入っていたので、誰にも会わずに自分1人で保険を決めることには抵抗があるのですが、ネット保険の安さに惹かれるのも事実です。

ネット保険は大丈夫なのでしょうか？

A【著者の回答】

今やインターネットは生活の一部として欠かすことのできない存在であり、あらゆる商品やサービスがネットを介して提供されています。

保険も例外ではありません。現在のネット保険のサイトは、単なる情報だけではなく条件を入力することでさまざまなシミュレーションや他社との比較も可能で、契約まで完結できます。利用者にとってはたいへん便利で有効なツールとなりました。

保険の場合はまだまだ対面販売の割合が過半を占めているのが現状です。しかし金融業界でも今やネット銀行がありネット証券もあり、株などの金融商品においては証券会社の窓口で購入する人のほうが少数派となっています。時代の流れからしても、今後は保険もネットが主流になることは十分予想されます。

ネット保険のメリットは大きく3つ考えられます。

第一に、これが決定的なメリットですが、保険料が安いことです。

ネット保険の保険料が安い理由は、店舗型保険に比べて維持管理費もスタッフの人件費も最低限に抑えることができるからです。

〝安けりゃいいってもんじゃない〟――このフレーズ、よく聞きますよね。

しかしはっきり言って、安ければいいのです。

保険には、被保険者が保険対象となる事故に遭遇した場合、契約通りの金額を粛々と支払ってくれさえすれば、それ以外のサービスや付加価値は不要です。各社の対応の迅速さや姿勢などに違いはあるものの、私たちは契約通り支払われる保険金や給付金以外のサービスで保険料が上乗せされることを望んではいないはずです。

また、そもそも金融商品とは、クールに言えば単なる金銭上の契約でしかなく、保険商品もその金融商品のひとつなのです。したがって同じ保障内容で保険料が安ければそれでいいのです。

第二に、わずらわしさがない点です。

保険の営業マンとやり取りするにはそれなりの時間を割く必要があり、さらに巧みなセールストークに誘導される可能性もあります。元来人がよく優しい日本人は、対面ではっきり断ることに抵抗があり、多少のストレスも感じます。ましてや義理人情で押されればなおさらです。人付き合いのために保険に入らなければならないといったケースがないのは、心理的にも助かります。

第三に、ネット保険はシンプルな構造になっていることです。

ネットの場合、当然自分で手続きを完結する必要がありますから、独力で商品選択ができるようシステムが非常にシンプルに作られる傾向にあります。

保険の営業マンが全国に何十万人いるのかわかりませんが、保険商品がシンプルでわかりやすければ、営業マンは必要ありません。逆の言い方をしたら、店舗型の保険会社は営業マンの存在価値を残すために商品設計を複雑にしていると言えなくもないのです。ですが私たちがそれに付き合う必要はないのです。

以上、ネット保険のメリットを強調してきましたが、当然デメリットもあります。

ひとつはシンプルすぎて顧客のニーズに合わないケースもある点です。また保険の知識があまりない方にとっては、保障額の設定が適切でなかったり、保障内容を誤って解釈していたりするケースがあります。しかしそれを指摘してくれる人はいません。まさに自己責任の世界です。

保険というシステム自体、単なる株の売買やお金の出し入れとは違った側面があるため、すぐに市場がネット保険に流れていくことはありません。当面は対面型の保険会社とネット保険は共存していくことになるのでしょう。

本書の目的のひとつは保険料の節約をすることですから、ネット保険は適しています。ただし不安を押してまでネット保険を選ぶ必要もないので、無理のない方法で商品を選んでいけばいいと思います。

4章

介護に備えた
さまざまな危機管理術

1 介護リスクを健康面でコントロールする

●お金だけの議論は木を見て森を見ず

ここまで、私たちの将来において介護費用が大きなリスクであること、その対策のためにどのように公的介護保険制度や民間の介護保険を利用すればいいのかなど、介護のお金について検討してきました。

ただ、当たり前のことですが、私たちの一番の理想は介護状態にならないことです。

それでも理想に反して介護状態になってしまった場合、次の対策として、できるだけ費用の負担を低く抑えるための工夫をすることになります。それでもくい止められない場合に備えて、貯蓄や保険という制度を利用して金銭的な手当てをしておくわけです。

この**一連の行動を総合したものこそが「リスク対策」**です。これらのプロセスなくして一足飛びにお金の話をするようでは、木を見て森を見ず、物事の本質を捉えていないということになります。

日常生活で暴飲暴食などの不摂生を繰り返し、定期的に健康診断を受診せずに過ごすようなライフスタイルを、最高級のがん保険や三大疾病保険でカバーすることはできません。保険には健康を守ったり病を治療する力はないのです。

この章では介護リスクを大きな枠組みで捉えて、日常生活での健康対策、定期的な健康診断、さらに保険を利用した対策がスムーズに実行されるためのノウハウ、また急に必要になった介護費用の工面のしかたまで、さまざまな視点から考察をしていきます。

●リスクコントロールの中心は「健康管理」

私たちにとってのベストのシナリオは、介護状態にならず、介護費用のかからない健康的な老後を迎えることです。

願わくは介護リスクはゼロにしたいところですが、それがかなわない以上、**リスクをコントロールして限りなくゼロに近づける努力や工夫が必要**です。

介護状態を回避するもっとも有効な方法は、**日常の健康管理**に他なりません。

しかし一口に健康管理といっても、健康対策に正解があるわけではありません。認知症のように、原因が解明されておらず決定的な予防策がいまだ存在していないというケースもあるのです。

世の中にはさまざまな予防法・健康法がありますが、その中でも古今東西言われ続けている基礎的な項目だけは押さえておきたいものです。

私たちは日々仕事や生活に追われ、睡眠を削ったり、食事のバランスが悪くなったり、運動不足になったりしますが、それがたちどころに悪影響を及ぼすことはないため、軽く見過ごしています。

しかし改めて確認しておきたいのですが、世の中でどれほど重要な任務があったとしても、人生の優先順位として健康管理がトップの座を譲ることはないのです。

●まずはメタボリックシンドロームを知ろう

昨今、「メタボリックシンドローム」という言葉をよく聞きますが、一般的には太っている人の代名詞のように使われています。

メタボリックシンドローム（内臓脂肪症候群）とは、単なるお腹周りの見た目ではなく、**肥満、高脂血、高血糖、高血圧などが複合的に組み合わさった状態**をいいます。そして、そのきっかけは不適切な食生活や運動不足、飲酒、ストレス、喫煙といった何気ない日々の生活習慣に起因しているのです。

内臓脂肪が過剰にたまると、糖尿病や高血圧症、高脂血症といった生活習慣病を併発し、動脈硬化が急速に進行します。そしてやがては心臓病や脳卒中を招くのです。

要介護状態に至るまでのステップは左図に示した通りですが、文字通り段階を踏んでいくので、ス

日常生活から要介護状態への
ステップバイステップ

ステップ①
・不適切な食生活
・過度の飲酒
・運動不足
・過度のストレス
・喫煙

↓

ステップ②
・メタボリックシンドローム
（肥満、高脂血、高血糖、高血圧）

↓

ステップ③
・肥満症
・糖尿病
・高脂血症
・高血圧症

↓

ステップ④
・虚血性心疾患（心筋梗塞、狭心症等）
・脳卒中（脳出血、脳梗塞等）
・糖尿病の合併症（人工透析等）

↓

ステップ⑤
要介護状態

テップ①からいきなりステップ⑤にはなりません。

途中で適切な対策を打てば、くい止められるチャンスがあるということです。

●生活習慣をチェックしよう

左記は厚生労働省が作成した、メタボリックシンドロームになりやすい生活習慣のチェック表です。一般的に常識として定着している、ありふれた設問ばかりです。おそらく10年後、20年後もこれらの項目の中身が大きく変更されることはないでしょう。

日常の健康管理をすでに実行されている方は、ぜひそのまま継続してください。まだ実行されていない方は早速、適正な食事プランと無理なく続けられる運動プランを立てて生活習慣を整えましょう。必要であれば予算も回してください。

大きな意味では、**健康管理こそがもっとも確実なマネーの危機管理術でもある**のです。

生活習慣チェック

設問	はい	いいえ
20歳のときの体重から10kg以上増加している。		
1回30分以上の軽く汗をかく運動を週2日以上、1年以上実施していない。		
日常生活において歩行または同等の身体活動を1日1時間以上実施していない。		
同世代の同性と比較して歩く速度が遅い。		
この1年間で体重の増減が±3kg以上あった。		
早食い・ドカ食い・ながら食いが多い。		
就寝前の2時間以内に夕食をとることが週に3回以上ある。		
夜食や間食が多い。		
朝食を抜くことが多い。		
ほぼ毎日アルコール飲料を飲む。		
現在、たばこを習慣的に吸っている。※		
睡眠で休養が得られていない。		

（※「現在、習慣的に喫煙している者」とは、「これまで合計100本以上、または6カ月以上吸っている者」であり、最近1カ月間も毎日、またはときどき吸っている者）

「はい」と答えた項目が多いほど、メタボリックシンドロームになりやすい生活習慣を送っています。

（厚生労働省ホームページより）

●続けられる運動を日常生活に組み込む

日頃から適度な運動を取り入れることの大切さは、理屈の上では誰でもわかっています。しかしこれを習慣として身につけることは簡単ではありません。多くの方が、何度となくアタックしては結局挫折をしてしまう経験を持っているかと思います。

確実に言えることは、根性と気合だけでは決して続けることができないということです。

そこで対策のひとつとして有効なのが、〝**そうせざるを得ない状況を作ってしまう**〟という方法です。

自らの事例で恐縮ですが、私は以前、とあるスポーツクラブに入会していました。

入会した理由はもちろん日頃の運動不足を解消することでしたが、そのスポーツクラブは私の自宅から道路を挟んで反対側に立地しており、徒歩30秒で通える好条件にあったのです。おかげで無理なく続けられると確信していましたが、結局熱心に通ったのは入会後1ヵ月あまりで、その後は月2〜3回軽いトレーニングをしたりサウナを利用する程度という、何ともお恥ずかしい有様でした。

その後反省を込めて、あえて駅から徒歩25分の場所に引越ししました。毎日駅まで歩かざるを得ない環境にしたのです。

この結果、3つの効果を得ることができました。

1つは結果的にウォーキングを毎日するようになったこと、2つめはスポーツクラブを退会することで毎月の会費約1万2000円が削減できたこと、3つめとして駅から遠い分、家賃が安く抑えられたことです。

日常生活に運動の習慣を組み込む手段は各自の工夫次第ですが、運動不足解消を根性だけで乗り切るのではなく、続けられる仕組みを工夫してみるのもいいかと思います。少なくとも月2〜3回のサウナに1万2000円を払うような無駄づかいだけはやめましょう。

●定期健診によって結果的に介護費用は削減できる

健康管理という予防策をとっていても、介護リスクを完全に回避することはできません。しかし損失額を最小限に食い止めることはできます。

介護状態に至るにはいくつかのステップがあることは先ほど見た通りです。ステップを食い止めて介護費用をコントロールするためには、定期的に健康診断を受診することも重要です。よく言われることですが、**早期発見・早期治療によって将来の介護費用を大幅に抑えることができる**のです。

わかっていながら定期健診に対して無頓着な方もいるでしょう。仕事が忙しい、健康には自信がある、診断結果が怖い……理由はさまざまだと思います。

とはいえ、残念ながら人体も建造物と同じように時間の経過とともに劣化していきます。メンテナンスは基本中の基本であり、リスク対策上、定期検診は絶対に外すことのできない項目です。

もし経済的事情により定期健診か保険の加入か、どちらかを選択しなければならないとしたら、迷わず定期健診へ資金を回すべきです。それほど優先度が高いことを理解してください。

●健康診断と人間ドックの違い

幸いにして近年は、定期健診の習慣が一般化しています。企業では年1回の健康診断が法律で義務づけられていますし、多くの自治体でも無料もしくは1000～2000円程度で健康診断が受けられるようになっています。一般的には問診、身体計測、血圧、検尿、血液検査など8～15項目程度の検査です。

一方、人間ドックはより精密な検査を受診したい方が任意で受けることができます。検査項目は45～100項目ほどあり、健康診断よりも充実した検査となります。ただし**保険対象外のため費用が数**

万〜数十万円と高額になります。

健康診断がこれほどリーズナブルになった今日において、あえて高額の人間ドックを受診する必要はあるのでしょうか。このことを考えてみたいと思います。

出費との兼ね合いもあり、判断が分かれるところでもありますが、私の考えでは、一般的な健康診断はごく基本的な検査のみであるため、その結果だけですべての病を否定することはできません。さらに40代、50代という年齢になると20代や30代と比べて病にかかるリスクが格段にアップするため、やはり可能な限り人間ドックを受けることをお勧めします。

ただし人間ドックは種類が多く、すべてのリスクを排除しようとして受診したらキリがありません。そこできめ細かな取捨選択が必要となります。また必ずしも年1回ではなく**数年に1回の健診でいい検査項目もあります**。

例えば、胃の内視鏡検査（胃カメラ）は年1回であっても、大腸の内視鏡検査や脳ドックは3年に1回でもよかったりします（医師により諸説あり）。

どんな健診をどのくらいの頻度で、どの程度の費用の範囲で受診するのかといった明確な基準はありません。したがって各個人が自身の健康状態を観察しながら、納得のいく健康診断プランを立てていくことになります。

いずれにせよ、定期的な健康診断は自分の病を早期発見するだけでなく、将来どのような病にかかる可能性が高いかを予測でき、生活習慣を改善するきっかけにもなります。老後の介護リスクの軽減のためにはきわめて重要な対策のひとつなのです。

●認知症の検診は受診するタイミングが難しい

認知症についても他の病同様、早期受診・早期治療が必要です。むしろ他の疾患以上に重要度は高いとも言えます。

がんなどの場合は、医療技術の進歩により少々の進行がみられる病状であっても完治に成功しているケースが多々あります。しかし認知症は、進行してしまうと現状では完治させる術がありません。早期であれば進行を遅らせることができる薬が開発されてきているくらいです。

しかも、現実には**認知症を早期発見するための受診はタイミングがきわめて難しい**のです。

認知症は外傷や疾患があるわけではなく、仮に何らかの前兆が見られたとしても、「それは疲れや年齢のせいだ」などといった解釈をされるために、**なかなか受診の段階までたどり着きません**。

また診断する側としても、症状が初期であるほど診断が難しいため、高度な検査機器と熟練した技術を要します。したがって早期発見・早期治療につながりにくい病状なのです。

ちなみに認知症の兆候事例としては次のようなものがあります。

・物忘れが多くなった（人の名前が出てこない、物を置き忘れる等）
・場所や日時がわからなくなる
・勘違いやミスが多くなった
・怒りっぽくなったり、落ち着かなくなった
・身だしなみに構わなくなった
・ぼんやりしていることが多くなった

しかし実際には、これらの兆候が確認されて周囲の人が健診を勧めても、認知症を認めたくない気持ちが強いため、本人が受診を拒否するケースも多いのです。したがって認知症の健診は、一般的な健康診断とセットにして、**まったく兆候が見られない時から定期的なチェックをしていくことをお勧めします**。脳を含めた健康状態の定期的チェックといった位置付けが定着していれば拒否されることもないのです。

●認知症の検診はどこで受ければいいのか

認知症の専門診療科は、心療内科、神経科、神経内科、精神科、精神内科などになりますが、最近では、**「物忘れ外来」**などといった診療科を設けている病院も増えてきています。

どこの病院が適当なのかわからなければ、かかりつけの医師や地域の保健所や自治体に問い合わせてみるのもいいでしょう。

検診の内容は、医師による問診を中心とした診察、脳機能をチェックする書き込み式のテスト、脳の画像検査、必要に応じて血液検査や心電図検査なども行います。

ここまでの話をまとめると、介護リスクを小さくするためには「生活習慣における予防対策」と「認知症を含めた定期健診の実施」となります。改めて考えてみるまでもなくこれらをおさえることで、将来自分自身の介護費用をゼロにできる可能性も高くなるのです。

●介護リスク対策は４つ

介護リスクの対策にはお金がかかります。このお金を人生に必要なコストとして捉えることができるかどうか。本書の肝はこの一点にかかっています。

本章のここまでの介護リスク対策を整理すると、次の4つになります。

・日常の健康管理に留意する
・最低年1回の定期健診を受ける
・貯蓄を増やす
・民間の介護保険に入る

この4つの対策のためには資金が必要になるので、次の方法で資金を作ります。

・働く
・倹約をする
・保険の見直しをする

このように、バランスよくお金を配分していくことが介護リスク対策の王道です。

繰り返しになりますが、保険は病気予防も健康診断も治療もしてくれません。がん保険や三大疾病保険などのテレビＣＭを観ていると、まるで保険に加入することで健康な老後が担保されたかのように映りますが、それは錯覚にすぎないのです。

2 保険に関する思わぬリスク

●保険の特約や高度障害保険は見落としやすい

ここまでで介護費用リスクに関する対策は一通り終了したと考えられるわけですが、現実の社会では思わぬところにリスクが潜んでいることも多いものです。

想定されたリスクが現実に発生した場合、はたして事前の対策が予定通りに履行されるでしょうか。履行されにくい状況があるとしたら、それは事前に改善しておかねばなりません。

特に気をつけなければならないのは保険金請求の見落としです。

第3章でも触れましたが、**保険金や給付金は受取人の請求によって初めて支給手続きが始まります。**保険加入者に何らかのトラブルがあって、いざ保険金が受け取れる事態になっても、保険会社からはなんの連絡もありません。保険金の支払いは、保険金を受け取る側から連絡をしなければ、何も始まらないのです。これを**保険の申請主義**といいます。

また保険法によって保険金の請求権には3年という縛りがあるため、被保険者の保険事故後3年以上たってから保険証券が発見されても手遅れになります。

そこで、保険の内容をシンプルにして、普段から家庭内で保険の加入状況や保険証券の保管場所などを共有しておくことが大切です。

一般的な請求手続きの流れは次の通りです。

・保険事故が発生

↓

・保険金の受取人または保険契約者が保険会社へ通知

↓

・保険会社から必要書類などの案内がある

↓

・受取人が請求手続きをする

↓

・保険会社が請求書類を受理、支払い可否の判断を行う

・保険金・給付金が支払われる

定期保険や終身保険などの大きな死亡保険は、保険加入の事実を家族が共有している限り請求し忘れることはないと思いますが、これが例えばがん保険の特約としてついている死亡保障で、しかも死亡原因をがんに特定しない保障条件であったりすると、がん以外の病や事故で亡くなった場合、がん保険のことなど忘れ去られて、**本来手にできるはずの死亡給付金が見落とされたりします**。

したがって、特約として付加されている給付金は一度支給条件を確認しておくべきなのです。

また、よく見落とされやすいケースは高度障害保険金です。

皆さんは、被保険者が死亡していなくても死亡保険が支払われるケースが2つあることをご存知でしょうか。

それはリビングニーズ（余命6ヵ月以内と診断）と高度障害状態で、どちらも死亡保険金と同額を受け取ることができます。

ただし高度障害保険金が支給されるのは、約款所定の状態に該当し、かつ回復の見込みがない時であり、たとえ「身体障害等級1級」や「要介護5」に認定されていても**約款に該当しなければ支払われません**。そうなると、「どうせ無理でしょ」といった見通しから、請求をしないケースが多いのです。保険金の未払いが起こらないように、保険会社の企業努力も以前に比べて進んではいますが、保険は原則的に申請主義である以上、保険会社が先回りして保険金の受取人に保険契約の存在をお知らせする義務など一切ありません。

そのため、保険会社には期待せず、自分で請求する覚悟を持っておくべきなのです。

●保険の指定代理請求特約を確認する

保険金は請求しなければ給付されないことは前述しましたが、請求すべき人（契約者や受取人）が請求できない状況下では、どうしたらいいのでしょうか。

例えば、介護保険の場合、被保険者が受取人となっている契約があるとします。この場合、本来は被保険者自身が請求しなければなりません。しかし被保険者に意識がない、意識があっても正常な判断ができない状態にある時などは、請求したくてもできません。中にはがんのように、患者本人に病名を告知しないことがあるケースもあります。

そのようなケースに備えて、**前もって代理人を決めておく制度**があります。

この制度は被保険者が受取人となる保険金・給付金などを被保険者に代わって請求できる人をあらかじめ指定しておくもので、**「指定代理請求特約」**といいます。

対象となるのは、高度障害保険金、三大疾病保険金、入院給付金、手術給付金、がん診断給付金、介護保険金、リビングニーズ特約保険金等々です。

保険会社により若干の違いはありますが、指定代理人になれるのは、被保険者と同居している戸籍上の配偶者または3親等以内の親族です。

この特約は、一般的には契約を結ぶ際に保険料の負担なく付加されていますが、念のため保険証券を確認して、まだ指定されていない方は早速指定しておきましょう。

●夫婦同時に死亡・介護状態になったらどうなるか

ここでは例をあげて考えてみます。

仮に大規模な自然災害によって両親を亡くした子供がいるとします。

両親はある生命保険に加入しており、契約内容は被保険者が夫（子供の父親）、受取人が妻（子供の母親）、死亡保険金額は5000万円。特段珍しくはない、よくある契約形態です。

保険契約では被保険者が亡くなった場合に受取人に対して保険金が支払われるようになっているわけですが、それはその時点で受取人が生存していることが前提となっています。では被保険者も受取人もどちらも死亡してしまった場合、保険金は一体どのように処理されるのでしょうか。

このようなケースの取り扱いは保険法の第46条で確認できます。

> （保険法第46条）
> 保険金受取人が保険事故の発生前に死亡したときは、その相続人の全員が保険金受取人となる。

今回の例であれば子供が相続人となるため、保険金は子供が受け取ることができます。

問題はここからです。

先ほども触れましたが、保険とは申請主義です。請求しないと保険金は給付されません。

今回の例で請求すべき人物は当然子供です。しかし、はたして子供は両親が生命保険契約をしていた事実を知っているのでしょうか。

子供が高校生ぐらいであれば認識している可能性はあるでしょうが、もし1歳児や2歳児であった場合、認識している可能性はゼロに近いでしょう。

それでも近隣住民や周囲の大人たちのサポートがあれば、弁護士や専門家を介することで**「未成年**

後見人の申請」をして、生命保険協会の契約照会センターなどを利用すれば、何とか保険金の請求までたどり着けるかもしれません。

しかし大規模な自然災害で近隣住民も含めた広範囲に及ぶ被害が発生すると、もしかしたらこの子供は本来受け取れるはずの５０００万円の存在を知らないまま児童養護施設へ預けられるなどして、その後の人生が大きく左右される結果になるかもしれません。

最悪のパターンを想定していますが、現実にはこの例のように、受取人のほうが先に亡くなってしまったり、夫婦同時に死亡してしまうケースは十分に起こり得ます。あるいは夫婦ともに高度障害の介護状態になるという事態も今後増えていくでしょう。

その場合は当然、死亡保険金や高度障害保険金、民間の介護保険などの支給の対象となりますが、その際も相続人である子供が請求しなければなりませんし、子供が未成年であれば手続きがさらに煩雑になります。

仮に子供に保険金が支払われるとしても、手続きには手間がかかるため、実際に保険金を手にするまでに時間がかかります。災害などの推定死亡（行方不明）だと1年待たされるケースもあります。

本来はいざという時に支給されるはずのお金なのですから、スムーズに支払われるようにしておきたいものです。

そのためにはどうすればいいのでしょうか。

●エンディングノートとリビングウィル

前項のような事態を回避するためには、保険加入の事実を周囲の人に伝えておくことが重要です。夫婦の保険情報は実家、兄弟姉妹、親友、場合によっては弁護士などの専門家等へも伝えましょう。従来の方法としては遺言書などがありますが、介護状態になった場合には遺言書は使えません。そのため、最近では遺言書とは異なる形で自分の意思を伝えることができるエンディングノートやリビングウィルを利用する方も増えてきています。

・エンディングノート

エンディングノートとは、人生の終末期に自身が死亡した時や判断力・意思疎通能力が喪失した時などに備えて、自身の希望を書きとめておくノートです。

例えば病になった時の延命措置を望むか望まないか、介護状態になった際のケアの希望、財産の情報、葬儀の希望等を書くもので、特にフォーマットは決まっておらず、基本的には**何を書いても構い**

ません。

遺言書のような法的な根拠はないため、一般的には後々家族が困らないように身辺整理をするための備忘録として利用されます。認知症となり自分の意思を伝えることができなくなった時などには大切な役割を果たします。

・リビングウィル

いよいよという時にどのように処置してほしいか、延命措置に関して自分の意志を伝えたい場合は、リビングウィル（生前の意思）といわれる**終末期の医療やケアについての宣言書を準備する**という方法があります。

現在の日本では、たとえ家族が患者の苦しむ姿を見るに見かねて延命治療の中止を希望し、その結果患者が死亡したとしても、医師側は法律で罰せられる可能性があるため、一度開始された延命治療を簡単に中止することはできません。そのような事態になった場合に、苦しまずに死を受け入れたいと考える方が用意しておくものです。

この宣言書は本人の意思表明であって、やはり法的拘束力があるわけではないのですが、複数準備して身近な親族や友人に配ったりすることで自分の意志を伝える手段として活用できます。

考えたくはありませんが、万一夫婦が同時に死亡したり重度の介護状態になった場合に**保険を含め**

た財産情報が夫婦のみでしか共有されていない状況では、お子さんを経済的にきわめて危険な状況に晒してしまうリスクがあることも考慮しておく必要があるのです。

3　各種の制度で介護費用に備える

●公共の制度を使って介護費用を軽減させる

現在、公的介護保険サービスの利用者の負担を軽減させるために、各自治体ではさまざまな助成制度を設けています。

例えば**「高額介護サービス費支給制度」**といって、公的介護保険を利用して自己負担額の合計が一定の上限を超えた時に払い戻される制度があります。

また**「高額医療・高額介護合算療養費制度」**といって、1年間に払った医療費と介護費を合計した額が一定の限度額を超えた時に払い戻される制度もあります。

次ページの表にまとめたので参考にしてください。

高額介護サービス費支給制度の利用者負担限度額例

対象区分	世帯の限度額（月額）	個人の限度額（月額）
生活保護の受給者等	1万5,000円	1万5,000円
世帯全員が区民税非課税で、本人が老齢福祉年金受給者の場合	2万4,600円	1万5,000円
世帯全員が区民税非課税で、本人の合計所得金額と課税年金収入額の合計が、80万円以下の方等	2万4,600円	1万5,000円
世帯全員が区民税非課税で、本人の合計所得金額と課税年金収入額の合計が、80万円を超える方等	2万4,600円	2万4,600円
住民税課税世帯の方	3万7,200円	3万7,200円

（東京都板橋区の例（板橋区ホームページより）・自治体によっては条件が異なるケースがあるため確認が必要です）

高額医療・高額介護合算療養費制度の算定基準額（限度額）

		後期高齢者医療制度＋介護保険	被用者保険又は国保＋介護保険（※1）（70～74歳がいる世帯）	被用者保険又は国保＋介護保険（※2）（70歳未満がいる世帯）
現役並み所得者（上位所得者）		67万円	67万円	126万円
一般		56万円	62万円（※3）	67万円
低所得者	I	31万円	31万円	34万円
	II	19万円	19万円	

（※1・2）対象となる世帯に、70歳～74歳の者と70歳未満の者が混在する場合には、①まずは70歳～74歳の者に係る自己負担の合算額に、（※1）の区分の自己負担限度額が適用された後、②なお残る負担額と、70歳未満の者に係る自己負担の合算額とを合算した額に、（※2）の区分の自己負担限度額が適用される。（※3）平成22年7月までは56万円。（※4）初年度の限度額は別途設定（平成20年4月～平成21年7月の16ヶ月分）。（厚生労働省ホームページより）

その他、自治体によっては、所得の低い方のために、施設の住居費と食事が軽減される制度や訪問介護サービス等の利用者負担を助成する制度、要介護4・5の方を在宅で介護している方を対象とした**家族介護慰労金制度**といったものまであります。

公的な制度の特徴としては、わずかな費用削減であっても提出書類等が細かく**手間がかかる**といった煩わしさがあったり、制度が頻繁に変更されたりするために、つい見過ごしてしまいがちという傾向があります。

しかし、ここまで見てきたように介護費用は老後を左右する重要なポイントですので、すべて自分でやろうとは思わずに、ここでもケアマネジャーを利用してください。多くのケアマネジャーはお住まいの自治体の各種制度を把握しているはずなので、確認をとりながら申請漏れがないようにしたいものです。

●生命保険の契約者貸付制度

人生には思いもかけない出費がつきものです。

介護関連費用も、時として融資でまかなわなければならないケースがあるかもしれません。

融資に関しては、一定の知識と準備がないと、いざという時に即効性を重視するあまり金利の高いローンを組んでしまうことにもなりかねません。

融資を受けるということは当然返済をしなければなりません。

そうなると、融資を受けるための第一の鉄則は、**できる限り低金利で借入れをする**ことです。

そこでまずは**「生命保険の契約者貸付制度」**から検討していきます。

この制度は契約している保険の解約返戻金の一定の範囲内（8～9割）で貸付を受けられるというもので、もちろん解約返戻金がある保険に限られるため、終身保険、養老保険、学資保険などが対象です。

貸付を受けている期間は保険の保障が続きますが、仮に返済途中で被保険者に死亡または保険事故が発生した場合は、残っている借入金と利息が保険金から差し引かれて支払われます。

金利は各保険会社によって異なりますが、目安は年3～4％程度で、これは一般的なローン金利としてみればかなりの低水準です。

自分が払った保険料を使うために金利を払うことに違和感を持つ方もいるでしょう。しかし保険料は払った時点で保険会社のお金となるので、保険会社からお金を借りるという構図に変わりはありません。

ちなみにこの制度で貸付を受けられる人は保険契約者（保険料を払っている人）のみであり、被保険者や保険金の受取人は利用できません。

この制度は、一時的な融資として利用するのであればさほど問題はありませんが、借入期間が長くなると、その間**加入している保険の保障額が不安定になります**。保険は本来目的に合わせて加入しているはずなので、予定されていた必要額に満たない期間が発生することになります。

さらに、利用できる保険は実質的に積立タイプであり、一般的には終身保険がメインとなります。しかし第3章で触れたように、本書は基本的に終身保険には否定的な立場です。その分の保険料は民間の介護保険に回すべきといったスタンスをとっているため、必然的にこの制度の使用範囲は限られてきます。

●介護ローン

最近では介護資金の確保を目的とした「介護ローン」も増えつつあります。

介護は時として突発的に発生します。その時の選択肢として、ローンを組める環境をぜひ整えておきたいものです。

介護ローンの特徴は、資金の使い道が限定されることです。ただし**介護絡みの用途であればほぼすべてカバーされます。**

介護施設への入所時の資金、福祉用具の購入資金（介護用ベッド、車イス等）、自宅のリフォーム費用（手すりやスロープの設置等）など幅広く使えます。

金融機関にもよりますが、基本的に担保や保証人は不要であり、金利もフリーローンなどと比べれば低めに設定されています。

一般的には借入れ期間は6ヵ月～7年程度、借入限度額は300万～500万円といったところで、もちろん土地などの担保が

介護ローンの概要

どこで申し込むか	銀行、信託銀行、信用金庫などの金融機関
利用できる人	・20歳～65歳未満 ・安定した収入が見込まれる人 ・介護が必要な人の親族であること
使いみち	・介護用ベッド、車イス、移動用リフト等の購入資金 ・手すりやスロープの設置 ・風呂やトイレの改築等の住宅改良資金 ・介護施設への入所一時金や付帯費用等 ※入院費などの医療費には使えません
融資額	10万円～500万円程度
融資期間	6ヶ月～7年程度
融資利率	2％～4％程度
担保・保証人	不要

あれば借入限度額はさらに高くなります。

ただしローンというからには、**金融機関の融資基準を満たす必要があります**。無担保で保証人もいない場合、安定的な収入があることが絶対条件です。これはどの金融機関でも共通しています。また年齢条件にも注意が必要です。一般的には65歳以上は審査が厳しくなりがちです。ローンを検討する時は、次の2点を事前にチェックしておきましょう。

・ローン以外の方法で資金を捻出することはできないか
・資産状況を考えて無理なく返済できるか

●自宅を利用してお金を作る

自宅を所有している場合、この資産を上手に使うことでお金を作ることも可能です。主な選択肢は次の3つです。

・**自宅の売却**

もっともシンプルな方法は自宅を売却することです。

ただし自宅の売却という方法は**想像以上に手間も時間もコストもかかります**。不動産はもともと流動性の低い資産と言われており、仮に売却すると決断しても、価格の査定をして買主を見つけ、実際にお金に換える必要があるため、1～2ヵ月は優にかかります。条件が折り合わなかったりすればさらに長期化してしまいます。

すぐに売るつもりではなくても、将来的な選択肢として考えているのであれば、スムーズに売却ができるような準備が必要です。例えば依頼する不動産会社を決めるために情報を収拾しておいたり、売却時に支障をきたさないように登記簿の整備をしておくことなどが必要です。

名義が亡くなった親や夫のままになっていたり、住宅ローンが完済しているにもかかわらず抵当権がついたままになっているケースはよくあるので、その点も確認しておきましょう。

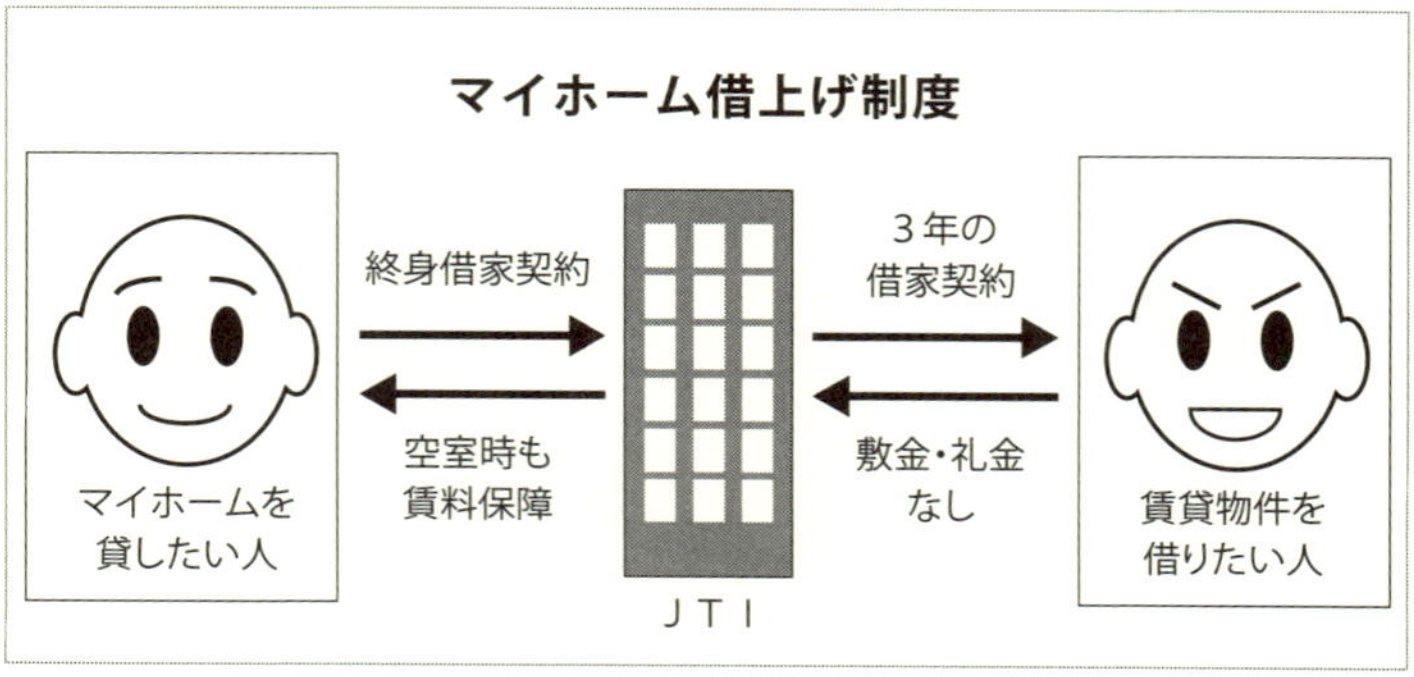

・マイホーム借上げ制度

マイホーム借上げ制度とは、ＪＴＩ（一般社団法人 移住・住みかえ支援機構）という機構がマイホームを終身にわたって**借上げ転貸**してくれて、**毎月一定の賃料を保証してくれる**制度です。

この制度を利用すれば、自宅を売却することなく老後のもうひとつの年金として活用できます。また借り手がつかなくても最低賃料（基準の85％前後）が終身で保証されます。

この制度は、例えば退職を機に田舎暮らしをしたいとか、高齢者が広すぎる家より交通の便が良い駅の近くに住み替えたいとか、子供と同居したい等のケースで活用できそうです。

・リバースモーゲージ

日本人の資産はマイホーム等の不動産に偏っている傾向

リバースモーゲージの仕組みの例

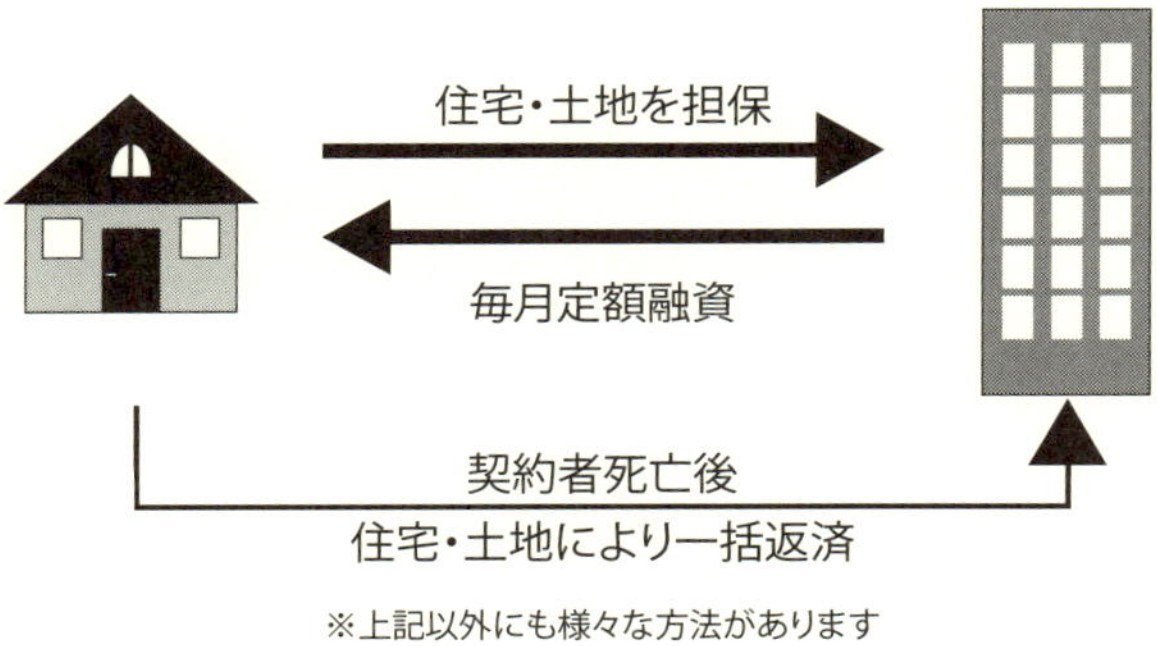

※上記以外にも様々な方法があります

があり、持ち家はあるけれど手持ちの現金があまりない、という方が多いようです。

急にまとまったお金が必要になった場合、従来は自宅を売却して資金を捻出しなければなりませんでした。しかしリバースモーゲージを活用することで、自宅に住み続けながら資金を調達できるようになったのです。

リバースモーゲージといわれても聞きなれない言葉だと思いますが、リバース（逆の）モーゲージ（担保）の意味から、住宅ローンの逆のタイプのローンだと考えてください。

リバースモーゲージは**保有している住宅を担保に融資を受けるローン**であり、返済は毎月行うのではなく死亡時に住宅を処分して完済します。自宅に住みながらも生存中の返済をしなくていいという魅力的な制度なのです。

公的な商品である「不動産担保型生活資金」と、民間金融機関の商品とがありますが、共通しているのは現在対象とされている物件が土地付き一戸建てであるという点で、マンションでは利用できないことです。

融資された資金には使途の制限がなく、介護関連に限らず、月々の生活費の足しにしようと旅行資金に充てようと自由です。

ただしこのシステムの留意点は次の3つのリスクです。

・金利上昇リスク……金利が予想以上に上昇することで借入残高が増加し、担保割れを起こすことがあります。
・不動産価格の下落リスク……不動産価格が著しく下落すると担保割れを起こすことがあります。
・長生きリスク……年金型で毎月定額の融資を受けている場合、あまり長生きすると借入金残高が担保の評価額に達してしまうことがあります。

先祖代々の土地への愛着が薄い人にとっては合理的なシステムですが、相続時に子供が期待している資産である可能性もあるため、リバースモーゲージの活用については家族全体で話し合う必要がありそうです。

●自己破産も制度のひとつ

最後に、究極の対処法として自己破産を取り上げます。

ここでのねらいは自己破産の仕組みを正しく理解することであり、最悪の事態における最終的な落とし所を確認することで、**精神的な支え**とすることです。安易な借入れで膨らんだ債務を最後は自己破産で逃げ切るといった処世術ではありません。究極の奇策であり、通常は行使しないことが原則です。

まずは自己破産を正しく理解していきましょう。

以下に、自己破産におけるメリットとデメリットをまとめてみます。

【メリット】

・すべての借金の支払い義務が免除される

・手続き開始後、債権者からの取り立てがなくなる

【デメリット】

・免責許可までの数ヵ月間、弁護士・公認会計士・取締役・保険や証券の外交員等は職種制限がかかる

・5～7年の間、ローンやクレジットが利用できない

・高価な財産が処分される（持ち家も含む）

なお、よく誤解されがちな点についても言及しておきます。

・周囲に知られる……自分が言わない限り他人に自己破産したことは知られません。仮にわかってもそれを理由に会社を解雇されるようなことはありません。一定期間官報に掲載されますが、一般の人が官報を見ることはまずありません。
・戸籍・住民票に載る……戸籍上に掲載されることはありません。
・家財道具に差し押さえの赤紙が貼られる……生活必需品は取られることはありません。給料が差し押さえられることもありません。
・選挙権を失う……選挙権は失いません。立候補もできます。

これらは破産法に基づいた手続き上のルールです。

債権者側が損失を被るという意味では道義的責任は残りますが、経済的視点のみで見た場合、自己破産する側にメリットがあることは確かです。**人生がにっちもさっちもいかなくなった場合の最後の策**として、頭の隅にひっそりと置いておいてください。

なお、実務上の債務整理には自己破産以外にも任意整理、民事再生、特定調停などさまざまな方法があります。もし本当に必要になった場合は必ず専門家に相談してベストな方法を選択してください。

●究極の危機管理術は変化に対応すること

ここまで、介護リスクに備えてさまざまな角度から対策を検討してきました。

しかし究極のリスク対策は、**変化への対応能力**に尽きます。

リスクという言葉は、通常は危険・危機という意味で使われますが、「不測の事態」という意味も含まれています。つまり危機は予測されるけれども、その現れ方が想定とは違った形になるという可能性も含んでいるのです。

それは時として損害額が想定外であったり、タイミングが想定外であったり、他の要素が複雑に絡んだりという形で現れます。

それら実現する可能性のある未来すべてに対応する策をひとつひとつ作っていくことなど、到底不可能です。

だからこそ、**どんなことが起こっても柔軟に対応する姿勢**が必要になるのです。

じつは、人生設計が綿密で精巧である人ほど、それ自体が足かせとなり、現状を変えることに抵抗を感じる傾向があります。

だからといって人生設計をするなとは言いませんが、社会環境が複雑な現代では不測の事態が発生する頻度が明らかに高くなっているため、長期の人生設計をしても計画の変更を余儀なくされることが多いことは事実です。

ライフプランとはあくまでも現時点での暫定的なものと解釈して、状況が変わった場合、躊躇なく俊敏に変化に対応していく必要があります。

自身が変化に対応できる準備や覚悟をしておくこと。

この心構えこそが究極の危機管理術なのです。

総合シミュレーション――老後プランの設計方法

【プロセス1】設定条件を仮定する

・夫（65歳）…90歳まで生きるとする
・妻（63歳）…95歳まで生きるとする
・日常生活費…25万円
・夫死亡後の日常生活費…17・5万円（25万×0・7）

【プロセス2】必要な資金を見積もる

①日常生活費…25万円×12ヵ月×25年＝7500万円
②夫の死亡後の日常生活費…17・5万円×12ヵ月×7年＝1470万円

③その他必要な資金（医療費・介護費用・緊急予備資金など）…計1000万円と仮定

①＋②＋③＝9970万円＝A（65歳以降に必要な資金の総額）

【プロセス3】収入と貯蓄を見積もる

④年金収入（遺族年金も含めた年金の見込み額）

…年金見込み額は、毎年誕生月に送られてくる「ねんきん定期便」、ねんきんネット、年金事務所、年金相談センター等を利用することで、精度の高い数値を導き出せる。

⑤その他の収入（利息・配当・不労所得など）

⑥65歳時点の貯蓄（退職金も含む）

…退職金は、自分が所属している企業の退職金規程や総務部門などで確認できる。

④＋⑤＋⑥＝B（65歳以降の収入・貯蓄の総額）

【プロセス4】A（65歳以降に必要な資金の総額）とB（65歳以降の収入・貯蓄の総額）を調整する

長生きリスクの不安から解放されるための基本は、④（年金収入）で、①（日常生活費）と②（夫の死亡後の日常生活費）をすべてカバーするという方法です。

終身型である年金収入（④）で日常生活費がカバーできれば、もっとも予測が難しい老後期間を基本的に補えます。これが実現できれば120歳以上生きていても資金の枯渇は起こりません。

終身型の年金額（④）が少ない場合、次の手を打って年金額を上げる努力をします。

・年金未納期間の追納が可能な場合は追納して穴埋めをしておく
・国民年金に任意加入する
…国民年金に加入できるのは原則60歳までですが、加入歴が40年に満たない場合は、引き続き任意加入して年金額を増やすことができます。
・年金の繰り下げ受給を検討する

…年金の受給開始時期を先送りします。最大5年間の先送りが可能で、最大42%も年金額を増やすことができます。もちろんその間の生活費を貯蓄やその他の収入でしのげる場合に限ります。

・終身型の国民年金基金や国民年金の付加年金に加入する

…厚生年金に加入している方は利用できません。

・民間の終身型個人年金に加入する

…終身型個人年金は、保険料が高い上に早めに亡くなると大幅な元本割れを起こし割に合わないという説が一般的ですが、私は次の2点で十分検討に値すると思います。

第一に、長生きリスクに備えて終身型を取り入れることで、死ぬまで支給されるという安心感を得ることができます。第二に、損得で考えても90歳を超えれば十分割に合います。現在の平均寿命の上昇傾向から、多くの方は90歳を超える可能性が高くなっています。保険会社もそれを恐れて現在販売に消極的です。保険会社にとって割の合わない商品は契約者にとって割の合う商品になりがちなのです。

【プロセス5】 その他の必要な資金を準備する

③（その他必要な資金）にあたる医療費・介護費用・緊急予備資金などに備えて民間の介護保険に加入したり、⑥（65歳時点の貯蓄）を厚くするための方法を実践したりします。

おわりに

今や介護は、好むと好まざるとに関わらず、実現する可能性の高いリスクのひとつとして顕在化してきています。

介護問題のワーストシナリオは、家族内に要介護者が出ることによって家計が困窮したり、介護離職をする者が出たりして、大事な人たちの人生そのものを大きく変更させてしまうことです。

そうならないために、本書ではお金の問題をメインに、健康に関しても言及するなど、さまざまな面での対策を考え、介護への経済的ハードルを下げることを試みました。

中でも保険の話題を随所に取り上げましたが、最後に改めて保険の本質を確認していただきたいと思います。

それは保険とは相互扶助、つまり助け合いの精神で成り立っているという一点です。

本書で書いてきた通り、民間の介護保険に加入して介護費用を見積もった老後プランを構築したとしても、一生涯介護とは無縁の方もいるでしょう。その時、保険金をもらわないと「損をした」と考える人もいるでしょう。

しかしあなたが払い込んだ保険料は他の多くの人を助けるために役立っているはずです。本来はそれで十分なのではないでしょうか。自分も相互扶助の保険というシステムの参加者の一員であることを再認識していただけることを願います。


私たちにとって介護の問題は、〝まだ先の話だ〟という思いがどうしてもあるため、〝今から段取りを検討しましょう〟といった提案には、進んで取り組む気にはなれないことも多いものです。

そんな状況で本書に最後までお付き合いいただいた読者の皆さんには、心より感謝申し上げます。

将来を考えた時、介護に備えて保険や貯蓄や資産などで準備をしておくことは、家族への想いが込められた無言のメッセージとなるはずです。

【著者】

長崎寛人（ながさき・ひろと）

1963年長野県諏訪市生まれ。

日本FP協会会員・CFP®認定者。

国内銀行・外資系損害保険会社の勤務を経て2010年より独立し、保険代理店経営と同時に、介護問題への関心から介護スタッフとして障害者施設や高齢者介護施設などで勤務。現在、経営創研株式会社、LEC東京リーガルマインド等でFP講師を務める一方で日々介護現場にも立つ。

介護のお金はこうやって準備しなさい

平成27年3月23日第一刷

著　者　　長崎寛人

発行人　　山田有司

発行所　　株式会社　彩図社
東京都豊島区南大塚3-24-4
MTビル　〒170-0005
TEL：03-5985-8213　FAX：03-5985-8224

印刷所　　新灯印刷株式会社

URL：http://www.saiz.co.jp
http://saiz.co.jp/k（携帯）→

ISBN978-4-8013-0061-3 C0030